2024
中国企业“走出去”风险发布会记录

主　编◎沈开涛
副主编◎邓　云　高金良
刘小军　张爱祥
纪　林　原　越
崔　敬

对外经济贸易大学出版社
中国·北京

图书在版编目（CIP）数据

2024 中国企业“走出去”风险发布会记录 / 沈开涛主编. -- 北京：对外经济贸易大学出版社，2025. 1.
ISBN 978-7-5663-2650-8

Ⅰ. F279. 247

中国国家版本馆 CIP 数据核字第 2024GB7344 号

2024 中国企业“走出去”风险发布会记录

沈开涛　**主编**

责任编辑：刘晟男

出版发行：对外经济贸易大学出版社
社　　址：北京市朝阳区惠新东街 10 号
网　　址：www. uibep. com
资源网址：www. uibepresources. com

邮政编码：100029
邮购电话：010-64492338
发行部电话：010-64492342
E-mail：uibep@ 126. com

成品尺寸：185mm×260mm
印　　张：12. 25
字　　数：246 千字
ISBN 978-7-5663-2650-8

印　　刷：北京时代华都印刷有限公司
版　　次：2025 年 1 月北京第 1 版
印　　次：2025 年 1 月第 1 次印刷
定　　价：108. 00 元

目 录

代序 1
继往开来，推动风险发布会越办越好

江泰国际合作联盟主席、江泰全球救援联盟主席　沈开涛

尊敬的各位来宾、各位专家，

女士们、先生们，新闻界的朋友们，

新浪网、优投网、大救星的网友们：

大家上午好！

今天，我们在这里举办 2024 中国企业“走出去”风险发布会。请允许我代表大会主办方——江泰国际合作联盟、江泰全球救援联盟，对中国产业海外发展协会给予我们的支持表示感谢，对北京主会场以及全国 26 个分会场的嘉宾、线上听众、媒体朋友们，表示最热烈的欢迎！

中国企业“走出去”风险发布会已经 10 周岁了，不仅见证了企业“走出去”发展的不凡历程，也记录了我们服务“走出去”企业和人员的不懈努力，并形成了一些特点。

一是坚持国际视野。风险发布会秉承“全球风险、全球发布、全球商机、全球服务”的理念，重点关注“一带一路”共建国家的风险和挑战，持续发布世界五大洲年度风险版图，为企业和公民“走出去”提供安全指引和“风控”建议；先后邀请了 400 多位国内外专家学者、驻华使节和商务参赞以及国际组织代表参会指导，与 100 多家驻华使馆或商务机构开展了不定期的交流；选择北京、上海、南京和珠海等国际化城市作为办会地，每场吸引几千名中外人士到会。

二是坚持专业服务。风险发布会围绕企业“走出去”面临的风险和挑战，聚焦对外投资合作的核心问题、难点问题，提供专业解读和防控建议。同时，在风险发布会上，套会举办“全球投资服务论坛”和“全球救援服务论坛”，邀请来自全球的法律、税务、审计、金融、风险管理等领域的专家，做了 350 余场主题演讲，为“走出去”企业梳理海外风险的特征，探讨对外投资合作的商机。全国有 30 多个商务系统部门，组织了近百个本地分会场，收看收听发布会内容，研讨本地企业“走出去”的风险防范举措。大会秘书部连续整理了历届发布会和两个论坛的共计 11 本“全记录”，由对

外经济贸易大学出版社出版发行，成为企业、政府和研究机构系统研究海外风险的资料。

三是坚持公益属性。迄今为止，我们举办的风险发布会和论坛，没有向任何第三方机构和企业及个人收取过一分钱，没有做过一个商业广告，也没有中断过一次，即便是三年疫情防控期间也没有停办，确保了境外风险与商机信息交互的时效性和连续性。据不完全统计，发布会累计有 5 600 余家企业到会、线上听众 3.4 亿人次；中央、行业和地方的媒体报道逾 600 余次，新浪、财经等门户网站还开辟专题页面进行跟踪报道，受到社会和媒体的普遍关注。目前，中国企业“走出去”风险发布会已然成为世界年度品牌大型公益活动。

风险发布会能够持续成功举办，得到了行业组织和地方政府部门的信任与支持。借此机会，向国内外所有提供支持的行业机构、商协会、科研院所、企业及合作伙伴表示感谢！向来自中国外交部、发改委、商务部、原国家旅游局和联合国世界旅游组织的老领导、专家学者，致以崇高的敬意！

女士们、先生们，当今世界变乱交织，企业“走出去”的外部环境急剧恶化，对外投资合作的不确定性明显增加。目前，中国有超过 2.2 亿人从事制造业，产值在全球的比重已经超过 30%，在全球贸易的比重超过 20%，“中国企业全球化”是一个躲不过去的必答题，国内不少龙头企业，不出海就可能出局。江苏的一位市长感叹：“地球上只要有商机，鸟不拉屎的地方中国人都会去。”对此，我感同身受。所以我认为，不论西方国家如何打压和歧视中国，制造更大的政治经济风险，中国企业大踏步“走出去”是历史的必然，迎接严峻风险和挑战是客观的现实。基于此，风险发布会要树立“一切从风险出发”的理念，与时俱进，持续创新。

首先，继续坚守风险发布会的民间性和公益性。中国企业“走出去”风险发布会由江泰国际合作联盟、江泰全球救援联盟共同创办。它们作为民间组织，不仅抱有“为企业解困、为政府分忧”的初心，而且具备全球风险管控的专业能力和实践经验。展望未来，风险发布会将立足国际国内两个大局，把保持民间性和公益性的初心与“服务国家战略、服务‘一带一路’”的使命紧密结合，企业需要什么风险信息，发布会就提供这方面的认知和指引；企业需要什么“风控”服务，发布会就提供相关的技术和资源，努力把风险发布会办成高水平的公益性交流平台，为企业安全“走出去”做贡献。

其次，不断强化风险发布会的国际化和专业化。我们将认真总结以往办会的经验，站在世界大变局的起点上，融入企业“走出去”的风雨中，进一步提升发布会的国际视野和专业能力，聚焦对外投资合作，打造风险评价指标体系，开展重点行业的投资风险评估。同时，发挥两个联盟国际化、专业化的优势，把全球业务的实践积累和宝贵资源，更多地向发布会及参与大会的广大企业开放，为“走出去”企业解析风险、分享经验，为对外投资合作提供商机对接等定制化服务。我们还准备利用人工智能技术，尝试开展全球风险上升周期的远景预测，在更长远、更高层的维度上开展海外风险分析。

最后，全力推动风险发布会的平台化和多元化。我们将在现有基础上，致力于把中国企业“走出去”风险发布会打造成企业、行业和服务商的沟通交流平台，开辟出分享“走出去”经验、发现对外投资合作商机的窗口。我们还将响应国家号召，继续推动“政企研”合作，利用包括大救星、优投在内的第三方服务机构的专业资源，共建境外风险防控服务链，向企业提供高水平的境外安全风险咨询和防控服务。

最后，预祝本届中国企业“走出去”风险发布会圆满成功！

谢谢！

扫码观看　演讲视频

代序 2
企业“走出去”和共建“一带一路”是最伟大的创举

中国产业海外发展协会秘书长　蒋　赟

尊敬的沈开涛主席，

各位嘉宾，女士们、先生们、朋友们：

大家上午好！

春风如贵客，一到便繁华。在这仲春之月、节气之春，与各位朋友交流思想、碰撞观点，实乃一大乐事。

作为本次重要活动的支持单位，我谨代表中国产业海外发展协会，对此次中国企业“走出去”风险发布会的成功召开表示热烈祝贺！向参会的各位嘉宾表示热情欢迎！

企业“走出去”和共建“一带一路”国际合作，是新时代中国与世界共同发展的最伟大创举。2023 年 10 月，第三届“一带一路”国际合作高峰论坛在北京成功举办，再一次书写了浓墨重彩的一笔，将成为推动全球互利合作、互惠共赢的“发展带”和“幸福路”。10 多年来，共建“一带一路”倡议从理念转化为行动、从愿景转变为现实，已有 151 个国家和 32 个国际组织加入共建“一带一路”大家庭，取得了实打实、沉甸甸的重大历史性成就，成为深受欢迎的国际公共产品和国际合作平台，为世界经济发展注入新动力、开辟新空间，形成了物畅其流、政通人和、共商共享、共同发展的国际新局面。

江泰和中国产业海外发展协会，都是共建“一带一路”的服务者、支持者和见证者，尤其是江泰为海内外企业的风险防控、风险化解做了大量的卓越性工作，赓续不懈、久久为功，受到了全球的广泛关注和普遍赞誉。

走过蓬勃 10 年，奔赴崭新未来。中国与世界相互交融、命运与共。习近平主席擘画的共建“一带一路”八项行动，以其大格局、大网络和大发展的前瞻性设计，为共建“一带一路”更高质量、更高水平的新发展，厘清思路、锚定方向；为实现世界各国现代化、构建人类命运共同体，织就画卷、续写华章。栉风沐雨砥砺行，春华秋实满庭芳。共建“一带一路”倡议不畏逆风、不惧逆流，将以构建立体互联互通，建设开放型世界经济为目标，推动科技、绿色发展，完善国际合作机制的新面貌，为世界搭建更多繁荣高地，开辟更多正道通途。我相信，江泰必将发挥更大、更重要和不可替代的作用。

各位嘉宾、女士们、先生们，前行道路上，有顺境也会有逆流。当前形势下，国际环境不确定性、复杂性、波动性高企，世界经济复苏面临诸多不稳定因素，我们既要坚持目标导向、行动导向，咬定青山不放松，也要充分认识到企业“走出去”面临的合规挑战和“ESG”风险，共同构建安全健康的发展环境，这也是本次中国企业“走出去”风险发布会的重要思考和议题。我建议：一是要切实提高对东道国地缘政治风险的重视度和关注度，坚决避免现实的以及潜在的制裁合规风险；二是要切实考虑全球汇率市场大幅波动的风险，构建和化解风险控制预案和有效机制，坚决不打平时无防、来之无措的无准备之仗；三是要切实制定好规避策略尤其是财务风险防控措施，坚决做到防控风险的办法要对路子、举措要务实、做法要见实效；四是要切实预防和化解极端民间群体事件特别是国际性双边情况，坚决不给国家和政府以及外交方面找麻烦。

各位嘉宾，在前几天刚闭幕的全国两会上，李强总理在政府工作报告中全面分析了当前面临的国际形势，而且多次提到了出海企业风险防控等问题，我们必须对此高度关注。由江泰“两个联盟”举办的中国企业“走出去”风险发布会已进入第 10 个年头，由中国产业海外发展协会举办的中国对外投资洽谈会也走过了 13 个春秋。作为中国企业对外投资合作的重要国际平台，风险发布会和对外投资洽谈会历经多年打磨锤炼，已发展成为有影响力的社会化公共服务平台和国际化产品，为国内外企业安全、高效成功地“走出去”及参与“一带一路”国际合作，提供了重要的平台化服务和有力支持。中海协将继续与江泰“两个联盟”携起手来，为中资企业全球投资铺路架桥，为中资企业出海保驾护航。

各位嘉宾，春色醉人，吐故纳新。中海协筹办的第十四届中国对外投资合作洽谈会将于 5 月 27—28 日在北京国家会议中心举行，主题是“全球发展新机遇，共绘投资新蓝图”，围绕投资热点地区，聚焦区域协同、产能对接、科技创新、绿色发展和人工智能等领域的投资与合作，举办开幕式暨主论坛和多场平行分论坛及“一对一”项目洽谈。借此机会，我诚挚邀请各位嘉宾莅临本届中国对外投资合作洽谈会，交流投资信息，共享经贸资讯，共商合作大计。

各位嘉宾，旧岁锦展千重，百尺竿头更进，希望大家在今天的活动中都能有所感悟、有所思考、有所收获。

最后，预祝本次中国企业“走出去”风险发布会取得圆满成功！

谢谢大家！

扫码观看　演讲视频

代序3
风险的背后是商机

江泰国际合作联盟主席、江泰全球救援联盟主席　沈开涛

尊敬的各位来宾、专家，
女士们、先生们，新闻界的朋友们，
新浪网、优投网的网友们：

大家下午好！

第十届中国企业“走出去”风险发布会今天上午成功举办，同时为我们举办第八届全球投资服务论坛拉开了序幕。首先，我要对各位来宾、专家和媒体记者的莅临，表示热烈欢迎和衷心感谢。

回顾中国企业对外投资的历程，我们不难发现，在“走出去”发展的道路上，留下了深深的风险痕迹，见证了“走出去”的企业“逢山开路、遇水搭桥”的坚忍精神。正如一枚硬币的两面，海外风险与投资商机并存，两者紧密相连。当前，世界地缘政治冲突加剧，保护主义、单边主义上升，西方国家滥用国家安全概念，给中国企业“走出去”设置重重障碍，导致海外风险复杂多变。但是，中国企业闯荡世界的经历告诉我们，风险的背后往往蕴藏着巨大的商机。在此，我想分享几点看法。

第一，坚持“走出去”发展的战略，破解“去中国化”的风险。在美国及其盟友推动的“去中国化”浪潮下，一些西方国家滥用安全审查、大搞国别歧视、使用单边制裁，目的就是要削弱中国企业在全球产业链、供应链中的地位和作用，打断中国式现代化的进程。一旦得逞，将给我国带来灾难性的风险和后果。所以我认为，中国作为世界第二大经济体，拥有最健全的工业体系和最大规模的国内市场，要破解“去中国化”的风险，必须支持企业“走出去”发展，更广泛参与全球产业链、供应链的重建，更高效参与“一带一路”项目建设，更积极融入全球高端产业，形成中国企业“走出去”的全球化布局，最大限度降低“去中国化”带来的风险。

第二，坚持从风险出发的理念，在“风控”中发现对外投资合作的商机。在世界大变局背景下，对外投资的风险和挑战无处不在。“想走，走不出去；想回，怕回不来”，已成为众多企业难以开解的纠结。怎么办？我认为企业只有从风险出发，把识别

海外风险和建立“风控”机制作为对外投资合作的优先事项，通过对投资目的地商务考察、市场调研和尽职调查等，对风险源头和后果做到心中有数。在此基础上，企业稳妥选择和把握“走出去”商机，从而实现“走得出，走得稳，回得来”。

第三，坚持专业化合作的方向，为企业高质量“走出去”保驾护航。面对复杂多变的全球风险，“走出去”的企业靠自身力量克服风险和困难，必然要付出更多的代价和更大的成本，甚至被“挖坑”陷害。因此，“走出去”的企业迫切需要会计、税务、法律、保险以及“风控”专业机构等，为对外投资合作提供高效率、快反应的服务对接。根据我这些年的服务实践，要承担起“走出去”的风险管控和商机对接责任，必须依靠全球化的专业分工与合作，整合相关服务和技术资源，打造对外投资综合服务平台，才能满足企业高质量“走出去”的要求，落实海外安全的主体责任。近期，商务部已经做了更明确的要求，“走出去”的企业要由专业机构评估项目所在地区风险，做好相应的安保方案和应急预案。

说到对外投资的风险化解，就要厘清可保风险和不可保风险。一般来说，可保风险是指符合承保人承保条件的特定风险，即保险公司可以分散的风险，一旦出了事，赔得起。商业保险无法处理的风险归为不可保风险。必须针对不同属性的风险，或通过保险规避和转嫁损失，或采用综合的风险管控服务，通过技术排查，化解风险，规避或减少损失。不论是哪种方法，都需要“走出去”企业借助第三方专业机构的服务，为海外安全发展保驾护航。

未来，本论坛将继续聚焦企业“走出去”的难点问题，探索建立对外投资合作服务商评价体系、“走出去”企业检索平台以及主要行业海外发展综合分析报告，为企业提供合作对接与安全保障服务。我们期待与各位同人携手共进，开创对外投资合作新篇章。

最后，再次感谢各位嘉宾的到来。谢谢大家！

扫码观看　演讲视频

代序 4
借助科技手段　创新救援服务

江泰国际合作联盟主席、江泰全球救援联盟主席　沈开涛

尊敬的各位来宾、专家，
女士们、先生们，新闻界的朋友们，
新浪网、大救星、优投网的网友们：

大家上午好！

全球救援服务论坛伴随中国企业“走出去”风险发布会，在 2017 年创办并延续到现在。回顾过往连续举办的七届论坛，我们秉承善良之初心，本着有求必救的使命，着力探索如何创新传统救援服务，满足对外投资和人员跨境流动的新需求。可喜的是，既往论坛提出的一些关注点，在实践中有了解决方案。

在本届论坛的筹备过程中，通过与境内境外救援团队沟通，我发现大多数人与我一样注意到科技创新给全球救援服务带来新的挑战与机会。下面，我就围绕这个话题谈几点看法。

一是适应科技创新的广泛影响，拥抱救援服务新诉求。数字化、人工智能等科技创新给社会生产和生活带来深刻影响，同样给救援服务领域带来新变化。

社会和公众对全球安全应急服务的诉求，从习惯事后被动受救的理念，向事前主动预防延伸。新冠疫情全球暴发期间，地球村的人们并没有被动抗疫，有的依靠互联网搜集各地的公共政策、病毒变异和防疫治疗等信息，主动配合落实公共防疫措施；有的在封闭环境里自发组群，通过跨境电商集体采购药品、生活用品、应急储备等物资，避免了生活物资短缺的困境；有患罕见病孩子的家庭，提前预约了无人机服务，及时准确空投救命药品；有的社区组织提前布局，划出绿色通道和隔离区，安排义工值班，保障了患者就医和物资补给。

救援机构依托平台模式和数据共享，与境内外服务商开展合作，不仅可以为跨境流动的中外公民提供本土化救援服务，而且引入远程监测系统，为有需求的旅行、劳务和商务群体提供实时健康监测、人身安全监控、线上咨询问诊和全球特色医疗等更多服务。可以预见，救援行业有了科技赋能，贴近大众和生活的普惠救援服务将成为可能。

政府救援服务管理机构转变观念，在利用公共资源提供安全保障的同时，引入商业救援服务作为有益补充，提高了救援服务的专业性和时效性。比如，在“一带一路”建设过程中，不仅有各国政府之间的安全合作，还支持商业救援机构，承担对项目和人员的风险管控工作；鼓励平台化的救援机构，整合“App+小程序”等功能，提供一键报警，确保第一时间组织实施救援。一些海外园区发挥自身优势，与国内科技公司合作，利用物联网技术对园区内的生产及设施进行远程监控，及时发现潜在风险。在一些特殊风险行业，政府部门与救援机构合作，尝试利用机器人提供高难度救援。

二是促进线下与线上相结合，提升救援服务效率与体验。针对传统救援服务容易出现信息错乱或迟滞导致延误的情形，一些救援机构采用互联网及人工智能技术，实现从报案、救援安排及后期理赔的全流程线上化、透明化，提高了生命救助的时效，提升了客户及服务商的互动体验。在快捷理赔、小额赔付、电子版材料上传及审核等方面，引入 AI 助理，确保服务数据真实完整准确，提高了救援工作效率。

三是借助科技赋能的红利，赋予现代救援服务更加人性化。随着事后救援与事前预防的贯通，救援服务的场景更加丰富，科技赋能的应用更加广泛，人们可以感受到更有温度的服务体验。比如，利用北斗定位功能，当事人使用救援 App 报警，不仅可以自动精准定位，还能够同步看到救援人员距离事发地的路程和抵达时间，从而减轻当事人的心理压力。在境外旅行发生了丢失物品、磕碰摔伤、遭遇抢劫等事件，可以通过救援服务平台的智能双语服务，提高沟通效率和救助时效，化解当事人的焦虑和困境。把事前防范风险服务与科技赋能相融合，可以根据不同企业和群体的个性化要求，自动生成定制化的风险排查方案和安全保障措施；可以用虚拟的风险场景，检验风险防控能力，弥补专业短板和信息缺失。

我相信，进入人工智能时代的全球救援服务，一定能够为人类社会进步和全球经济发展提供更多更好的服务。

最后，祝本届论坛圆满成功！谢谢！

扫码观看　演讲视频

第 1 部分

2024 中国企业“走出去”全球风险版图

1.1　2024 中国企业“走出去”全球风险概况

发布单位：2024 中国企业“走出去”风险发布会
发布时间：2024 年 3 月 20 日
发布地点：中国 · 北京
发布形式：全球网络发布

一、亚洲

2024 年亚洲整体地缘政治和安全形势相较于 2023 年更加严峻。

政治与安全风险

东北亚特别是朝鲜半岛局势紧张加剧，南海、台海动荡不安。中东乱局波及地中海、红海、波斯湾、印度洋沿岸国家，多方势力卷入，多线冲突同发，人道主义灾难加重，其破坏性影响可能波及东南亚和北非国家。中亚地区局势受大国竞争影响摇摆不定；巴基斯坦、土耳其、伊朗等国选举恐加剧国内政治不稳；巴基斯坦、菲律宾、印度尼西亚的恐怖主义风险较高。

经济与营商风险

全球经济增长仍将聚焦亚太，RCEP（Regional Comprehensive Economic Partnership，区域全面经济伙伴关系协定）国家经济更显稳健，中亚将受益于"一带一路"行动纲领，沙特、阿联酋加盟"金砖"，投资吸引力增强。孟加拉国、印度尼西亚、越南等国将呈较高增长，但受全球需求放缓影响，出口驱动型国家压力更重。红海危局持续扰乱全球供应链及海运稳定，运费及保险费用上升压力一时难解。土耳其、斯里兰卡、巴基斯坦等国高通胀、高外债、高失业问题持续。印度经济依旧强劲，但经济民族主义高涨，警惕该国以查账、查税、冻结账户等方式对相关中企施加区别性压制。与伊朗开展业务需防范美国次级制裁风险。

自然与卫生风险

受厄尔尼诺现象影响，南亚、东南亚地区恐面临干旱和极高温，打击当地农业，越南、柬埔寨、老挝等国的电力短缺问题将更加严重；日本、印度尼西亚及中亚地区地震、火山异常活跃；日本核排污风险长存；登革热、霍乱等区域流行疫情风险较大。

二、非洲

2024 年非洲地缘政治和安全形势喜忧参半。

政治与安全风险

非盟加入二十国集团（Group of Twenty，G20），埃及、埃塞俄比亚加盟“金砖”，泛非支付结算系统（PAPSS）实质推进，非洲区域经贸一体化进程加速，埃及、肯尼亚等国政治经济地位上升。苏丹内战延宕，与埃塞俄比亚间的水资源争夺激烈，饥荒加剧；年内，南非、塞内加尔、莫桑比克、加纳等国大选或引发本国及周边政治波动；萨赫勒国家接连政变，马里、尼日尔、布基纳法索宣布退出西非国家经济共同体，冲击地区安全，并可能在喀麦隆、赤道几内亚等国产生连锁反应。地区恐怖主义势力有向贝宁、多哥等国扩散趋势，中非共和国安全形势严峻；巴以冲突影响外溢至北非，斋月期间安全风险高企；非洲网络犯罪威胁越加严重，尤其在尼日利亚、肯尼亚、南非等国。

经济与营商风险

非洲经济增速仍将仅次于亚洲，但各国经济发展极不均衡。肯尼亚、卢旺达、坦桑尼亚、乌干达、贝宁等国仍将保持高增长；埃塞俄比亚、加纳、赞比亚、突尼斯、肯尼亚债务违约风险高企。美欧加大对非洲的融资力度，各大国围绕绿色供应链的关键矿产争夺白热化，刚果（金）、赞比亚、坦桑尼亚、尼日利亚、加纳、博茨瓦纳、津巴布韦等国资源民族主义抬头，矿产品出口政策趋紧，中国与非洲间的矿业合作及基础设施建设竞争加剧。

金融行业也受到民族主义的波及，保险业尤甚，尽管本地的承保能力仍然面临挑战，但越来越多的监管机构通过推动严格立法以增加本地自留份额。

自然与卫生风险

受气候变化影响，非洲南部可能高温干旱，南非、津巴布韦等产粮国恐受灾，加剧粮食危机；COP28（《联合国气候变化框架公约》第 28 次缔约方大会）对非洲的气候融资承诺远低于预期且恐难兑现，各国应对灾害能力更显不足。

三、欧洲

欧洲各类风险持续累积外溢。

政治与安全风险

延宕日久的乌克兰危机仍呈胶着僵持态势，继续左右欧洲政治光谱走向，悲观情绪蔓延，驱动保守势力日盛，政策“右转”的国家和组织将越来越多。波兰政治稳定性下降，欧委会、欧洲议会、奥地利、英国的选举结果或对中企在欧经营制造更大不确定性。欧洲大部分国家生活成本维持高位，大规模罢工游行此起彼伏，难民、移民问题恶化社会安全环境，巴黎奥运会的潜在安全风险加大。

经济与营商风险

随着通胀回落，欧洲经济在低迷中有限复苏，但仍将受核心通胀和利率高位黏滞以及产业外迁的长期拖累。德国经济萎缩外溢影响扩大，英国等部分国家陷入衰退的风险加大，意大利等国公共债务风险加重；红海局势加重供应链转移和通胀回落难度，在欧企业面临成本上升及供应链中断风险。此外，欧盟保护主义盛行，对华“去风险”底色加深，推出的欧洲经济安全一揽子计划对涉高科技领域的欧洲对华出口和中欧双边投资施加更为严格的审查和限制，中企在欧商业环境、投资环境恐长期收紧，同时面临涉俄的次级制裁风险。受美国大选和绿色技术补贴竞争加剧影响，美欧之间芥蒂也加深。

自然与卫生风险

墨西哥湾暖流减弱将对欧气候产生重大影响。未来可能面临夏季更热、冬季更冷的极端天气灾害，山火、洪水、极寒、风暴恐更频繁，恐冲击交通基础设施安全。

四、美洲

美国综合风险处于历史高位，并将构成最重大的国际风险变量。

政治与安全风险

随大选临近，美国呈现出社会矛盾激化、身份认同撕裂、内争外斗激烈的态势。美国采取“小院高墙”策略，加大对华出口管制与经济制裁，进一步恶化中企及中国公民在美营商和工作生活环境，入境限制、仇恨犯罪等风险高企。拉美地区向中国开放合作力度有望加大，但多国面临大选，政治和社会稳定性下降，部分国家改革突破艰难，委内瑞拉与圭亚那边界发生冲突，厄瓜多尔爆发内乱，墨西哥国内毒品暴力冲突波及整个拉美。

经济与营商风险

美国经济展现出超预期韧性，衰退风险继续降低，但面临加息滞后性、债务违约和流动性陷阱等潜在风险，其对外经贸政策恐因党争政斗更不稳定和不确定，降息强预期或将致利率汇率变动频繁，引发全球金融市场动荡。预计拉美经济缓步增长，投资吸引力上升，墨西哥继续受益于美国"近岸外包"供应链战略，但大部分国家存在内外结构性失衡的痼疾，能源压力和监管不稳成为经济长期阻碍。墨西哥、智利等锂矿国资源民族主义抬头，巴西、智利债务危机和社会动荡风险较大，阿根廷通胀高企，激进改革可能会制造更大混乱。

自然与卫生风险

厄尔尼诺现象对美洲影响巨大：阿根廷农业因此受益；中美、南美北部或高温干旱加剧，水资源和电力短缺更严重，巴拿马运河运力下降，巴西等农产区继续歉收，登革热风险严峻，地区脆弱人口生计更难，循环推动中南美洲跨境难民流动。

五、大洋洲

大洋洲安全风险环境整体相对稳定。

政治与安全风险

2024 年，澳大利亚、新西兰等国的地缘政治存在感将延续 2023 年不温不火的态势，对华政治关系和经贸合作仍将经历有限且缓慢的改善。需警惕新西兰积极向美英澳三方安全伙伴关系（AUKUS）靠拢的政治转向。太平洋岛国政治自主性增强，继瑙鲁后，图瓦卢也有望恢复与中国的外交关系，与岛国发展投资合作关系需高度警惕域内外大国的政治干扰。澳大利亚国内依然存在歧华、仇华的犯罪行为，部分太平洋岛国政治稳定性脆弱，发生骚乱的风险较高。

经济与营商风险

澳大利亚经济缓慢复苏，通胀相对缓解，金融风险相对较小。澳大利亚通过《2023—2030 年关键矿产战略》等政策，意图联合西方战略盟友建立独立于中国的关键矿产供应链，需警惕澳方将针对中国投资者实施更为严格的监管和审查问题。南太平洋的渔业投资与合作要重点关注区域相关规则、规制的限制问题。

自然与卫生风险

南太平洋地区受气候变化影响较大，海平面持续上升将威胁部分岛国生存空间。澳大利亚可能会出现高温、干旱风险，环太平洋地震带的持续活跃可能会带来更多火山、地震威胁。

扫码观看　亚洲发布

扫码观看　非洲发布

扫码观看　欧洲发布

扫码观看　美洲发布

扫码观看　大洋洲发布

1.2　2024 中国公民“走出去”全球综合救援服务版图

2024 年全球救援服务呈现出明显的区域性差异，五大洲在救援能力和服务质量方面各具特色，同时也面临着不同的挑战。

亚洲国家救援服务水平参差不齐，日本、新加坡和韩国表现较好，而部分东南亚和中亚国家存在挑战。非洲国家普遍面临政治不稳定、医疗资源匮乏、救援成本高昂等困境。欧洲大部分国家的救援条件整体较高，但救援成本也相对较贵，且存在语言沟通障碍。美洲救援服务在北美洲较为成熟，南美洲则因国家发展水平差异而表现不一。大洋洲总体安全良好，澳大利亚和新西兰救援体系完善，但偏远地区资源有限。

总体来看，全球救援服务受地区经济发展、社会安全、医疗水平和急救体系影响显著，救援成本和救助难点因地而异，需要针对性的救援策略和准备。

扫码观看“2024 中国公民‘走出去’全球综合救援服务版图”的完整内容，从社会安全、医疗水平、急救体系、救援成本、救援救助难点五个维度详细了解五大洲的救援服务情况。

扫码观看　发布视频

扫码获取　发布文档

1.3 2024中国企业“走出去”全球十大风险提示

2024年，“一带一路”建设将进入新时期，世界仍将继续风云变幻、危与机交织相伴。为此，大会向“走出去”的中国企业重点提示以下十大风险。

（1）大国政治危机加剧了战争风险，俄乌、中东、苏丹、缅北、萨赫勒地区的军事冲突与战争风险持续外溢。

（2）全球大选年无疑加重了部分区域和国家的政局不稳定与政策转向的风险，极端民族主义、部分国家民粹趋向将造成社会动荡和公共安全事件频发，对于境外已投项目和待投项目都会是巨大考验。

（3）不断扩大范围的“泛国家安全化”“过度制裁”“过度执法”“长臂管辖”正在进一步成为美西方国家实施干预与制裁的“达摩克利斯之剑”，新能源、半导体、新材料、高科技、数据安全、关键矿产、石油能源、金融保险等行业出海将持续遭遇强劲的挑战。

（4）美联储降息或加剧全球汇率波动和资产泡沫风险，新兴市场国家将面临更猛烈的市场波动与资本流动性危机，企业经营将面临更大的不确定性。

（5）全球供应链依然脆弱，断链风险会因“定向脱钩”、局部战争冲突、航运危机、自然灾害等单一因素或多因素叠加触发，企业防范更加困难。

（6）ESG（Environmental, Social and Governance，环境、社会及公司治理）披露监管进一步加强，越来越多的东道国正在加强对土地征用、生物保护、劳工权益、劳动保障、能源效率和碳信息披露的合规监管。

（7）海外知识产权风险挑战越来越大，企业主动实施海外专利预警与知识产权布局或应成为常态。

（8）国际避税透明化已成为易被忽视的显著风险，企业海外投资的财税规划与运营将面临国际规则、适用法律、税务监管等多方面的重大挑战。

（9）种族歧视、文化冲突、负面舆情更容易被触发，并引发更强烈的仇恨犯罪及暴力风险，安全局势敏感国家和地区首当其冲，尤其需要扎实做好员工安全培训、安保组织和救援保障配置。

（10）境外资产安全风险加大，自然灾害、安全事故、内外冲突、政府与商业主体信用风险抬升显著增加了企业存续发展的考验，风险防控、保障配置与危机化解能力不足则会进一步扩大境外资产的安全风险敞口。

中国企业“走出去”风险发布会秘书部

2024 年 3 月 20 日

扫码观看　演讲视频

第 2 部分

2024 中国企业“走出去”全球风险专家解读

2.1　全球高强度区域地缘政治冲突风险解析

摘要：全球高强度区域地缘政治冲突风险是当前企业“走出去”所面临的突出风险，主要表现在地区军事冲突风险上升、企业航运成本可能上升、金融风险规避难度上升、维护资源安全的需要上升、企业安保投入被迫上升。对此，“走出去”企业要密切跟踪形势发展动向，加强与当地政府的沟通，深化企业与当地社群的关系，熟悉所在国的法律制度，构建有效的安全保护体系，与驻外机构保持联络畅通。

中国企业“走出去”风险发布大会已经是第十届，过去 10 年来，江泰国际合作联盟为中国企业“走出去”如何预防风险、如何化解风险做出了重要的贡献。因此，我也想向江泰国际合作联盟及沈开涛主席表达我的敬意。

在风险版图发布环节，我们了解到不同地区所面临的各种风险。那么，应该如何看待这些风险呢？显然，当企业实施“走出去”战略时，它们必然会遇到各式各样的风险，包括政治风险、金融风险、经济风险以及环境风险等。具体到经济风险，我们还需要考虑产业链风险、供应链风险以及生产链各个环节中的风险。

我想重点解读怎样来看待当前的地缘政治风险。前面沈开涛主席已经讲了，中国企业“走出去”面临的风险急剧上升，与此同时沈主席也强调“不出海就意味着出局”。每一位企业家都非常清楚，风险越大，回报可能就越大，关键是如何分析风险，如何预防风险，如何化解风险。

在全球地缘政治风险方面，第一，俄罗斯同乌克兰的冲突仍然在持续。我个人预测这场冲突还将长期地持续下去，这也就意味着这个地区，特别是欧洲与俄乌冲突相关的地区，风险将会持续。

第二，巴勒斯坦同以色列的冲突。自 2023 年 10 月以来，以色列同巴勒斯坦方面的冲突已经持续了相当长的时间，巴勒斯坦方面已经失去了 3 万多生命。这一冲突应该说由来已久，之所以现在以一种极端的事态爆发出来，主要是各种矛盾叠加，各种利益相互碰撞，各种因素，无论是大国的因素、霸权的因素、区域的因素，还是宗教的因素，都在发挥着作用。这场冲突将会持续相当长的时间，其外溢效应正在不断地扩散，我们应该引起充分的注意。

第三，红海通道严重受阻。红海连接地中海，通向印度洋和亚洲。现在很多航船不得不绕道走非洲的好望角再到亚洲，这样一来航程将会延长大概一万千米，时间将会延长大概 15 天，从而导致企业的成本大幅上升。

此外，我们不能不注意到地缘政治冲突相当程度上也集中在亚太地区。具体来说，

2024全球十大地缘政治冲突热点之一：高强度冲突

一、俄乌冲突延宕持续

二、巴以冲突余波难平

三、红海通道严重受阻

北约的军事力量谋求走向亚太；美国在南海地区不断惹是生非，中国同美国在南海地区意外的军事碰撞风险也是存在的。在域外势力的挑动下，菲律宾在南海相关问题上不断挑战中国的利益，特别是在黄岩岛和仁爱礁等地区，风险升级的可能性也在增加。“台独”势力不断谋求在“台独”的道路上走下去，严重地损害了中国的领土主权和统一大业，面对这一风险，我们必须保持高度的警惕。同时，在中印边境问题上，我们看到印方有这样那样的举动，这一风险对于亚太地区形势的稳定也提出了一定挑战。当然朝鲜半岛的危机也不容忽视，朝鲜最近采取了一系列的举措来断绝同韩国的联系。这种事态的发展都是由于域外势力的干扰，导致半岛双方的敌对情绪不断上升，最近双方都采取了一系列军事行动，半岛的危机给亚太的和平稳定带来了严重的冲击，同时也给全球的产业链、供应链带来严重的冲击。

2024全球十大地缘政治冲突热点之二：中国周边

四、北约军力走向亚太

五、中美南海或生意外

六、菲律宾盲动酝酿风险

七、“台独”推升台海危机

八、印度搅动中印边境

九、朝鲜半岛局势恶化

在全球的地缘政治冲突中能够看到恐怖主义威胁升级。恐怖主义给人类的和平安全、地区的发展繁荣带来严峻的挑战。在过去的一年当中，恐怖主义活动不断发生，特别是在西非萨赫勒地区、南亚地区、中东地区，恐怖袭击事件不时发生。所谓西非萨赫勒地区，包括塞内加尔、毛里塔尼亚、马里、布基纳法索、尼日尔、尼日利亚、乍得、苏丹、南苏丹以及厄立特里亚等国家。在这样广泛的地区范围之内，恐怖主义活动大幅升级，给走向这样一个地区的中国企业带来了极大的风险。

2024全球十大地缘政治冲突热点之三：反恐形势严峻

十、恐怖主义威胁升级

- 据2023年全球恐怖主义指数统计，西非萨赫勒地区已成为全球恐怖主义中心，该地区恐袭死亡人数由2007年仅占全球1%激增至2023年的43%。萨赫勒地区58%的恐暴事件发生在境内，但正快速扩展到邻近的科特迪瓦、贝宁、多哥、加纳等国
- 随着巴以冲突持续升级，其外溢效应已导致多国仇恨犯罪激增，恐袭风险再度上升
- “东伊运”与境外恐怖势力加大勾连，持续策划对中国海外目标施袭，在有关国家和地区大肆参与实施恐怖活动。近日，土耳其逮捕了25名伊斯坦布尔教堂袭击案嫌疑人，其中有1人与“东伊运”有关联
- 恐怖组织网络复杂，遍布全球，恐怖活动不断，流动频繁

当关注全球地缘政治冲突风险的时候，我们会发现：欧洲在冷战结束之后成为全球最严重的军事安全冲突的地区，美国是全球冲突主要的策源地。国际政治界有这样一句话，叫“美国既是纵火犯，又是消防员”。什么意思呢？全世界这么多的乱象、这么多的冲突，追根溯源，固然有那个地区本身历史的原因、宗教的原因、经济的原因，但是其中都有美国的影子。无论是中东以色列、巴勒斯坦的问题，朝鲜半岛朝鲜和韩国的问题，还是南亚阿富汗、巴基斯坦或者是中东其他地区的问题，都有美国的影子。美国是为了维护自己的全球霸权，要达到这一目的，美国自然就想让世界乱起来，不过也不要乱到失控的地步，这就是美国全球战略的一个核心要点。

针对中国的大国博弈，特别是美国针对中国的所谓战略竞争不断地升级，造成了美国和中国在地缘政治冲突方面有一系列的爆发点，这应该引起我们的高度重视。

同时，我们看到全球中心与边缘地区的联动越来越多。全球地缘政治冲突风险不仅在欧洲，也表现在非洲以及中东、南亚等一系列所谓的边缘地区。

此外，传统与非传统安全风险因素叠加在一起相互作用，也使得中国企业“走出去”面临的风险在明显上升。

2024全球地缘政治冲突风险：演进的重要特征

一、欧洲延续军事安全冲突风险区

二、美国是全球冲突主要的策源地

三、中国是大国博弈的最重要目标

四、全球中心与边缘地区联动突出

五、传统与非传统安全风险叠加性增大

中国企业“走出去”面临的风险主要表现在：一是地区军事冲突的风险上升；二是企业航运成本可能上升；三是金融风险规避难度在上升；四是维护资源安全的需要上升；五是企业安保投入可能被迫上升。截至2022年年底，境外的中资企业有46 000家，境外企业的中方人员已经达到了150多万人，中方在境外的直接投资存量已经达到了28 000多亿美元。面对这样一个庞大的数字，需要每一个“走出去”的企业深入思考怎样来构建适合自己的风险防范体系、制度，从而化解这些风险。

2024全球地缘政治冲突风险：对企业“走出去”的五大影响

一、面临地区军事冲突风险上升

二、企业航运成本可能上升

三、金融风险规避难度上升

四、维护资源安全需要上升

五、企业安保投入被迫上升

基于此，我想给这些企业提出一些建议。

一是要密切跟踪形势发展动向。预防和化解风险要意识到风险存在于不同的阶段。首先是“走出去”之前的风险，对这个阶段的风险应该有清醒认识。然后是已经“走出去”之后的风险，包括应该怎样来认识风险、预防风险、化解风险。所谓密切跟踪形势发展的动向，就是无论在“走出去”之前还是“走出去”之后，都应当密切地跟踪形势的发展，并及时调整预防和化解风险的策略。

二是要加强与当地政府的沟通。很多企业“走出去”之后就是在园区做自己的事，不重视同当地政府的沟通。同当地政府密切地沟通非常重要，因为企业“走出去”之后主要还是依托当地的力量，依托当地政府的支持。从这个角度讲，怎样同当地政府保持密切的联系、密切的沟通、密切的合作是至关重要的。

三是要深化企业与当地社群的关系。企业“走出去”除了要为自身的发展谋利益，在发展的过程当中也要充分考虑如何回馈、回报当地的民众。只有同当地的民众建立了密切的联系，各种信息渠道才能畅通。很多信息并不能第一时间从报纸、电视、电台上了解到，很多可能发生的事态，都在我们真正了解它之前，已经有苗头或动向了，而这些苗头、动向来自民间，所以只有同当地的社群、民众有足够的、充分的联系，才能做到所谓的“春江水暖鸭先知”。

四是要熟悉所在国的法律制度。一定要遵守当地的法律法规，一定要按照当地的法律法规来合法合规地经营，这是中国企业化解政治风险和金融风险以及其他风险最重要的基础。

五是要构建有效的安全保护体系。每一个“走出去”企业的体量、规模、能力不同，不可能每一个企业都建立自己的安保队伍，也不可能每一个企业都在海外雇用大量的安保人员。但是如何根据企业“走出去”对象国的情况以及当地的安全风险情况来制定适合本企业的安保体系，我想是至关重要的。

迄今为止，一些大型“走出去”企业同西方的安保公司建立了联系。我们都知道，俄罗斯瓦格纳实际上是俄罗斯企业走向海外重要的安保队伍，如何来构建中国企业“走出去”的海外安保系统，不仅是企业的事，也是政府的事。长期以来，政府为企业“走出去”提供了大量政治上的举措，来确保企业“走出去”能够得到有效的安全保障。在这一过程当中，企业应牢牢地把握住各个方面的因素，确保建立起适合自身发展的安保体系。

六是要与我国驻外机构保持联络畅通。企业“走出去”后应该到使馆的商务处报到，向商务参赞汇报自己的工作，并向商务处的同志认真咨询当地的情况，包括社情民意、法律情况、政党政府情况以及其他各个方面的情况，以确保获得准确的、有效的信息，使企业能够在当地有效地发展。

我国驻外机构在境外国家工作了很多年，积累了很多经验，也积累了很多的人脉。使馆也好，相关机构也好，都有一项非常重要的工作内容，就是为我们的企业“走出去”提供应有的服务。在这个过程当中，“走出去”企业同有关的驻外机构保持畅通的联络，获得企业自身发展所需要的一些准确信息是至关重要的。

应对全球地缘政治冲突风险：应重点关注的六大问题

一、密切跟踪形势发展动向

二、加强与当地政府的沟通

三、深化企业与当地社群的关系

四、熟悉所在国的法律制度

五、构建有效的安全保护体系

六、与我国驻外机构保持联络畅通

演讲人：徐步（江苏大学全球发展与安全研究院理事长）

扫码观看　演讲视频

2.2　新形势下欧美营商环境面面观

摘要：欧盟营商环境"退坡"，经济问题政治化现象突出；美国营商环境恶化，泛安全化、泛政治化以及泛工具化现象明显。在此背景下，中国企业"走出去"要加强对当地法律的跟踪研究，加强对营商环境的综合研判，做好合规管理，做好风险应对。

当前，世界正经历百年未有之大变局，大国博弈、地缘政治冲突不断加剧，同时新一轮科技革命和产业革命带来了很多新的机会。在这一背景下，密切关注主要经济体营商环境的变化，对我们判断未来全球经济的格局以及发现新的投资机会，规避相关的贸易投资风险至关重要。

结合今天的主题，我和大家分享一下在新形势下欧美营商环境的最新变化。

最近几年，如果提到欧盟营商环境，特别高频的一个词语就是"安全"，它的变种就是"去风险"。不知道从什么时候开始，安全成了一些国家制定政策的"政治正确"，也成了一些国家实施贸易保护主义、单边主义政策的一个重要借口。仿佛有了安全这个词，就站上了道德的制高点，做什么都变得合情合理合法，都是代表人民、代表企业的。

如果从企业的角度评价最近几年欧盟营商环境的变化，可以用两个字来概括，那就是"退坡"。数据表明，17.32%的中资企业认为，欧盟的营商环境出现了恶化，52.76%的企业认为变化并不是很大，只有不到 1/3 的企业认为欧盟营商环境有所改善。这是因为欧盟制定了一个保护主义的政策工具箱，如果用几个词来概括，就叫作"国

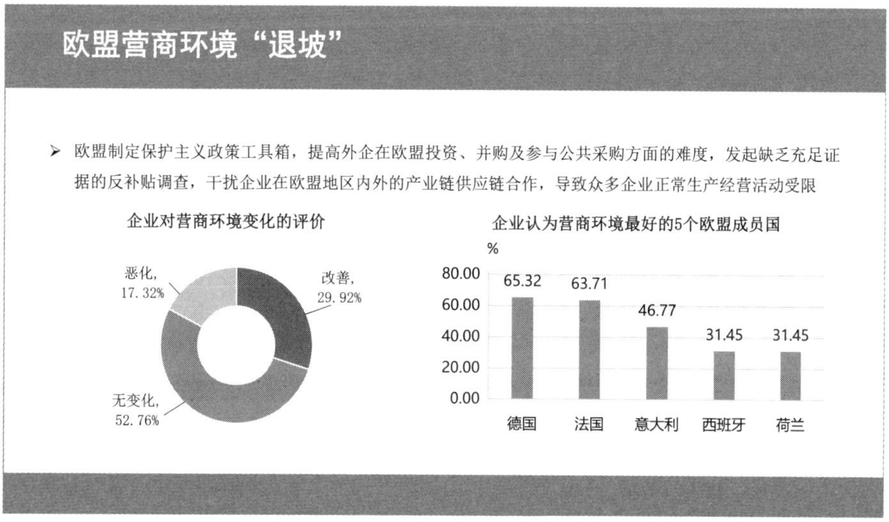

家安全审查、反补贴审查、反垄断审查”，通过这三个“审查”构建起了一个保护主义的工具箱，使得外资企业在参与欧盟市场对外投资以及公共采购等各方面的经济活动都面临较大的挑战，这就是为什么中资企业在欧盟开展相关经营活动、经贸活动时，感觉整个营商环境出现了“退坡”的情况。

具体分析，欧盟在战略层面就把“去风险”摆在了一个重要的位置。在2023年欧盟出台的《欧洲经济安全战略》中，“去风险”这个词被提及6次，并且认为整体的经济安全战略要聚焦“去风险”，从而使得欧盟在经济发展过程中，降低了经济风险，维护了经济安全。聚焦领域不仅包括先进制造业以及高科技行业，比如半导体、量子计算、生物技术，还包括绿色产业，比如净零工业、清洁能源等一些关键行业。因此，中国企业在欧盟经营将面临两大挑战：第一个就是经济问题政治化，各种工具箱导致的营商环境对中资企业不太友好；另一个是，在地缘政治冲突的背景下，世界大宗商品价格出现剧烈的波动，而且供应链物流成本出现明显上升，对于中资企业来说，生产成本上升是在欧盟经营面临的第二个重要挑战。

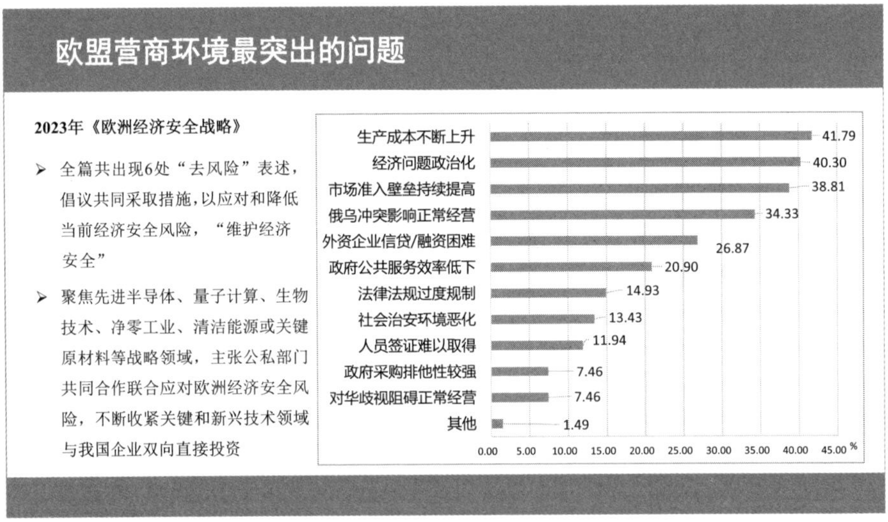

接下来简要介绍一下具体领域工具箱到底发生了怎样的变化。

第一，欧盟很多成员国增加了外资审查的相关法律。虽然2019年欧盟出台的《外资审查条例》并没有强制要求各个国家都要制定相关政策，但截至目前，欧盟27国已经有20个国家建立了外商投资审查机制，其中还有5个国家正在制定，只有两个国家目前没有直接宣布。因此，对于中资企业来说，在欧盟投资面临较大的投资审查挑战。

1. 新增外商投资审查准入门槛提高

➢ 欧盟各成员国参照《外资审查条例》更新或建立本国的外商投资审查机制，外企在欧盟市场投资将面临更多欧盟成员的审查，投资并购活动的难度加大

外商投资审查机制设立情况	具体成员
已建立外商投资审查机制的成员（20个）	奥地利、芬兰、马耳他、波兰、葡萄牙、斯洛文尼亚、西班牙、捷克、丹麦、斯洛伐克、法国、 德国、匈牙利、意大利、拉脱维亚、立陶宛、荷兰、罗马尼亚、比利时、卢森堡
正在筹备建立外商投资审查机制的成员（5个）	爱尔兰、克罗地亚、爱沙尼亚、希腊、瑞典
尚未公开宣布建立外商投资机制的成员（2个）	保加利亚、塞浦路斯

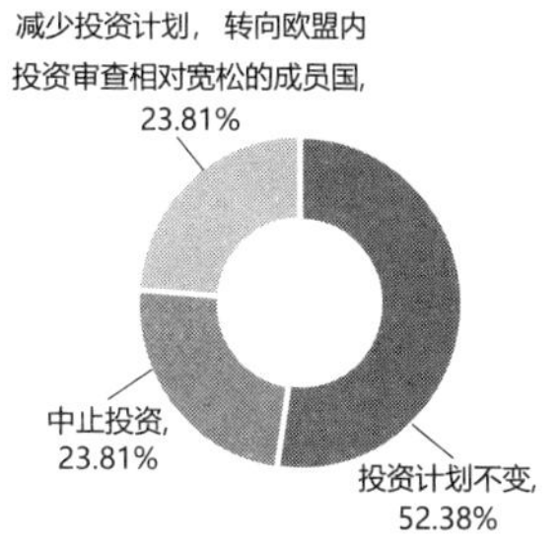

第二，中资企业即便按照合规要求进行了申报，在外资审查过程中也常常得不到公平对待。数据显示，在审查当中没有遭到歧视的中资企业只有 45%，这意味着一半以上的企业都会遭受歧视。

2. 在外资审查中未被公平对待

➢ 《德国投资审查的事实与数据》：2022年德国外资安全审查案件306例，是2018年的3.92倍

➢ 2018—2022年，德国审查的外资项目前三大来源地为美国、中国和英国

➢ 在2022年德国通过外资审查机制禁止投资的项目中，近半数为中资企业项目

2023年企业在欧盟外资审查中是否遭遇过歧视性待遇

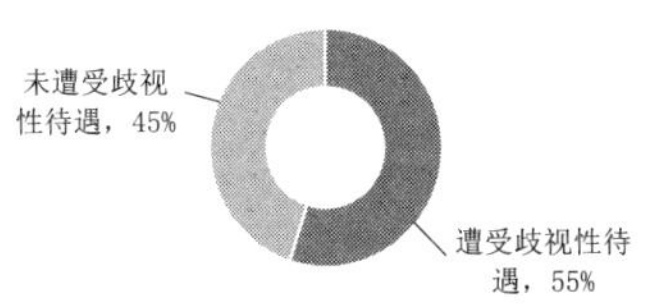

2018—2022年德国外资审查项目数及前三大项目来源地

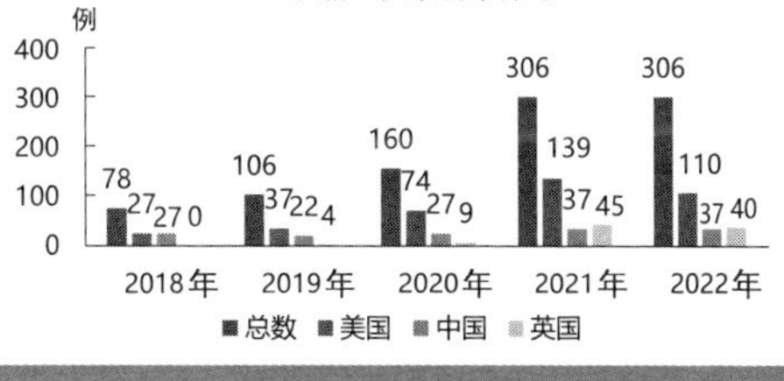

第三，欧盟发布的《外国补贴条例》中的条款对中资企业来说也存在较大的挑战，其中一个重要的提法就是“可归因于第三国的私人实体可以被视作政府”。此前，中国的国有企业已经被当作政府，在外资审查时候遭受了歧视待遇。其他的所有制形式，包括民企，在对欧盟投资的时候，如果拿到了、使用了、获得了政府资金、财政资助、税收减免，或者从国有银行获得贷款都可能被列为获得了“财政资助或补贴”。只要和“国有”字样沾边，可能都会被视作政府，因而在外资审查中遭受歧视待遇。

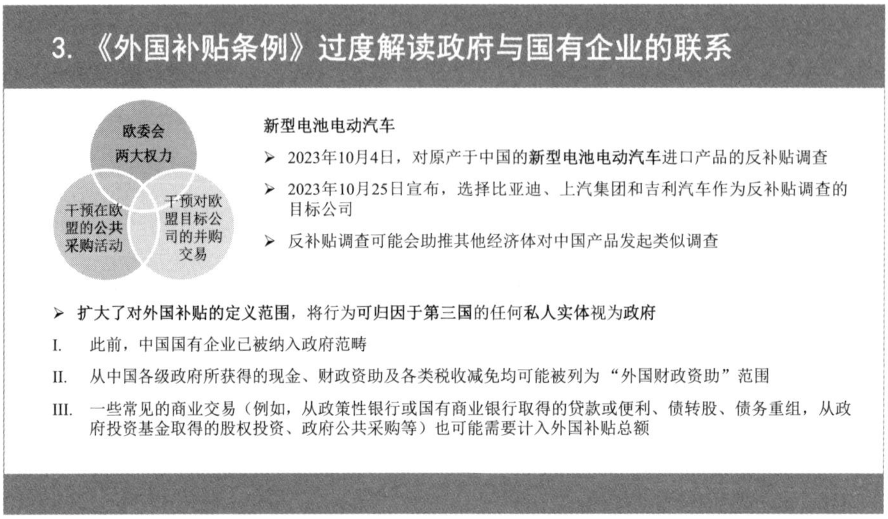

第四，国家安全审查的泛化。2022 年 11 月，中国赛维电子公司的全资子公司瑞典 Silex 打算收购德国半导体公司下属的一个晶圆厂，双方已经谈得差不多了，但是突然被德国联邦经济事务与气候行动部叫停。这个厂并不是卖给外国就不安全，实际上是德国私底下认为卖给中国是不安全的，2023 年这个厂被美方的力特公司（Littelfuse）收购了。因此，在外资安全审查方面，中资企业遭受了歧视。

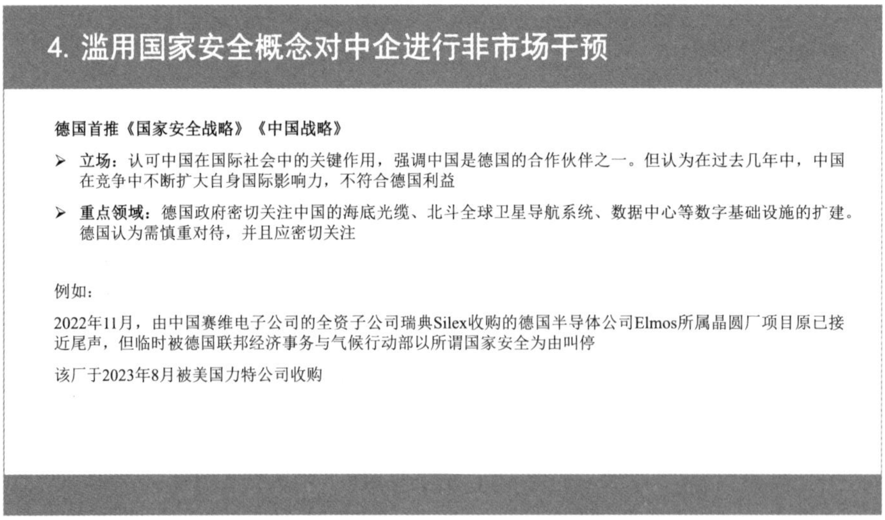

第五，政治冲突会给经济增长带来很大的影响，特别是欧盟经济增长放缓，欧元走弱，供应链问题非常突出，生产成本居高不下，使得中国企业在欧盟投资面临市场方面的诸多挑战。整个营商环境，无论是政策层面还是市场层面，对企业来说防范风险的压力都在不断地增加。

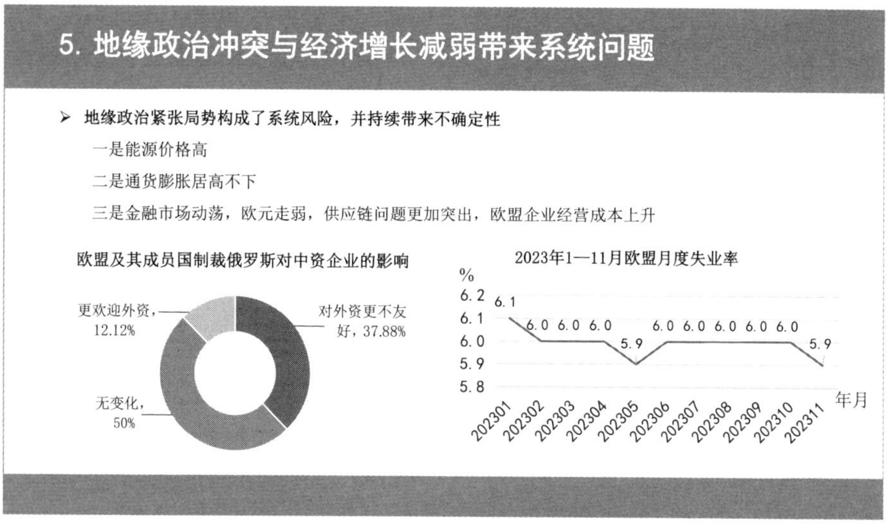

我们再来看一下美国的营商环境。刚刚提到，欧盟的营商环境是三个审查加整体的经济形势面临挑战，而美国的营商环境可以用三句话概括：第一，泛安全化，什么政策、什么样的举动都可以和安全挂钩；第二，泛政治化，所有的经济问题都要和政治联系上；第三，泛工具化，所有政策出台的目的都是作为贸易保护主义的工具。同时，美国营商环境持续恶化，72.90%的中资企业认为美国 2023 年营商环境恶化，这个比例比上一年提高了 32.45 个百分点。

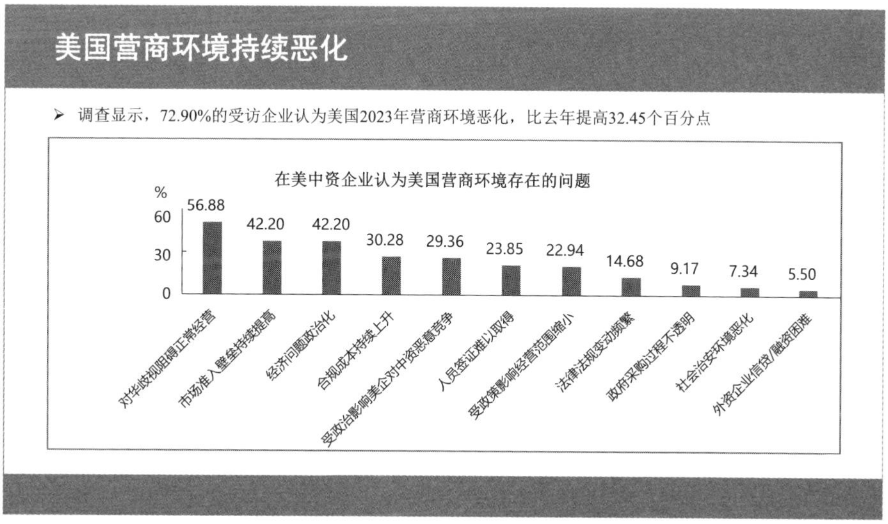

欧盟和美国在泛安全化方面有相似之处，但是美国的泛安全化政策更加有进攻性，影响面更大。在制定泛安全化政策方面，美国泛化国家安全，什么事情都可以和国家安全挂钩，比如 2023 年美国贸易代表办公室（USTR）出台的《2023 年总统贸易议程和 2022 年年度报告》，提及中国的次数高达 431 次，中国被特殊对待、而且诬蔑中国是非

市场经济国家，但美国自己出台了很多补贴政策及各种干预市场正常交易行为的政策。此外，美国还滥用出口管制政策，采用实施经济胁迫等一系列手段来干预中国企业与美国企业之间正常的贸易和投资行为。

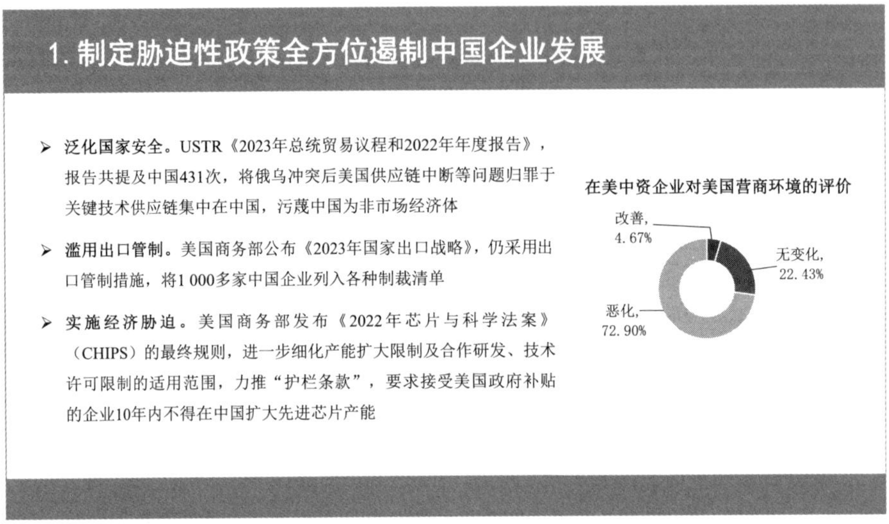

比如，在贸易方面，美国众议院出台了单边的经济制裁政策《2023 年中国贸易关系法案》，认为中美关系不对等，要求废除中国永久的正常贸易关系地位，扩大对中国产品资质的要求。因此，美国发起的反倾销、反补贴措施，中国都是第一大受害国。

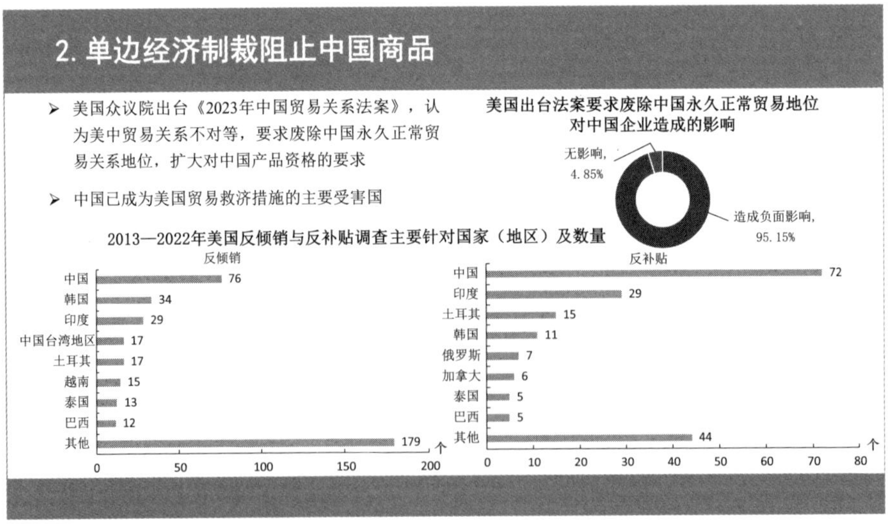

在投资方面，限制中国企业对美投资，对于已经进入美国市场的中资企业采取歧视性的执法政策，损害了中国企业在美国的合法权益。所以，从中资企业对美国的相关评价可以看出，中资企业认为美国政府在执法方面不公平对待的比例高达八成以上，接近九成，而且在美国遭受过政府歧视性执法的比例非常高。2020—2022 年，在美国外资审查项目的统计中，中资企业的占比不断上升，且数量远远高过其他主要经济体。因此，在外资审查方面，对中资企业特殊对待，使得中资企业遭受歧视。

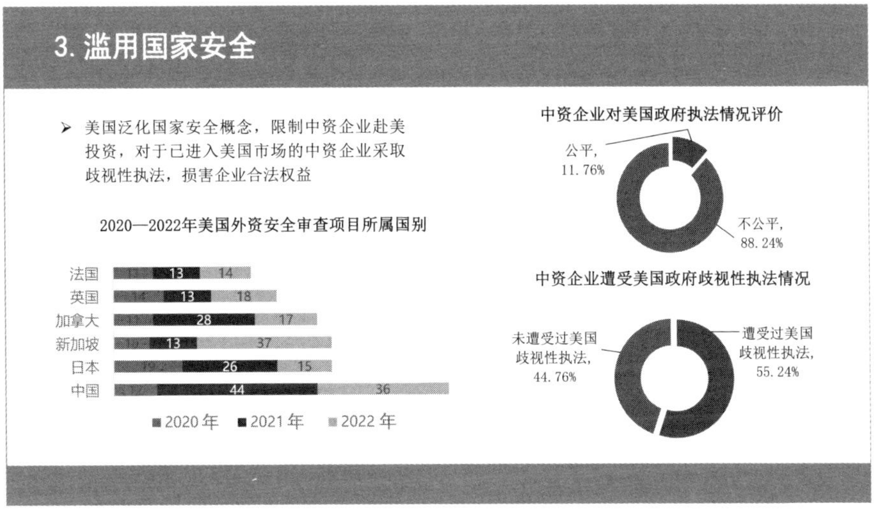

中国企业对美投资时，美国要出台相关政策进行干预，当美国企业想投资中国时，美国同样出台了相关的法案来限制对华投资。为什么说美国泛工具化？因为美国最大的一个特点是，所有干扰正常市场经济行为的政策都冠以“法律”“法案”的名义，也就是说，它的贸易保护主义工具都披上了法律的外衣，这就增加了政策的强制性，对中资企业来说面临的挑战也会更大。

美国针对对华投资出台了相关的限制法案，要求建立关键领域对外投资的全政府审查流程，并且要求美企在投资之前向美国政府报告。对华投资限制令主要针对三大领域，即半导体和微电子、人工智能、量子信息技术，这三大领域的关键技术、关键产

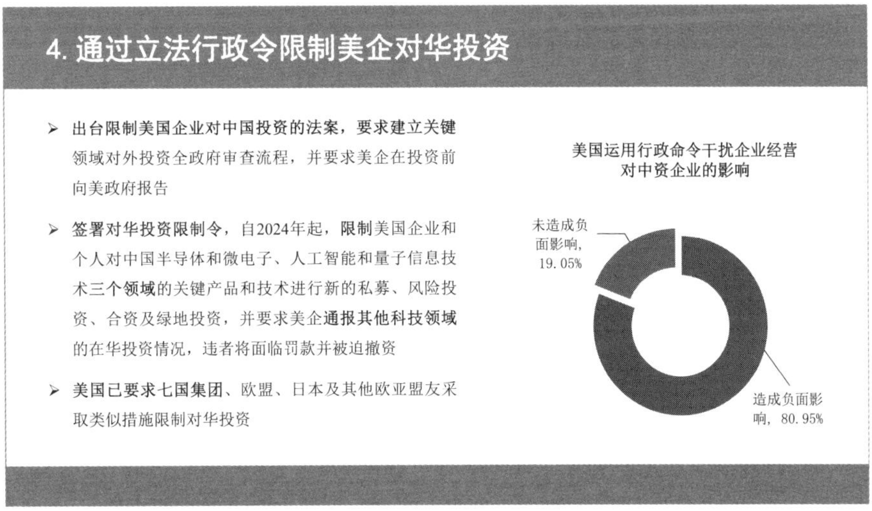

品，如果通过私募、风险投资、合资甚至绿地投资的方式，只要是对华投资，就须向政府报告。同时，美国还要求七国集团、欧盟、日本以及其他在欧亚的盟友都要采取类似的政策，所以美国干扰的不只是中国对美投资、美国对华投资，还要干扰其他盟友国与中国之间的投资活动。因此，美国的泛工具化特点可以说是渗透到了每个环节。

另外，美国的很多政策还具有泛政治化的特点，比如通过清单制度制裁中国企业，比较有名的清单是“军事最终用户清单”和“非特别指定国民的中国军工复合体企业清单”——通过这两个清单来限制中国企业与美国的经贸联系。虽然 2023 年以来，美国“军事最终用户清单”没有新增中国企业的名字，但实际上这个清单已经包含了 71 家中国实体。因此，中国企业认为美国经济问题政治化的倾向特别突出，面临这个问题的企业占比接近 90%。

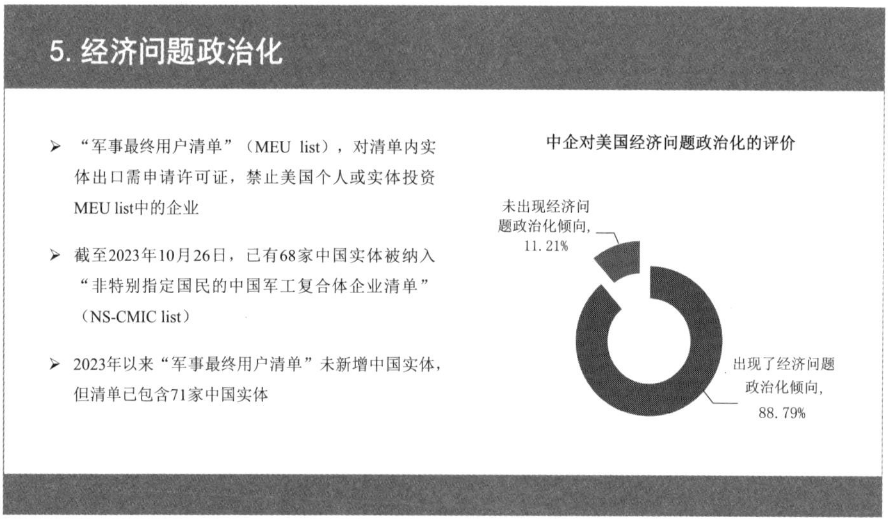

在对华相关政策当中，美国不遗余力地在安全领域不断发力，并且使用了 2023 年以来最新的一个词，叫“去风险”，很多政策都和“去风险”密切相关。比如，财政部出台的《2023 年“去风险”战略》明确提出，美国对中国存在金融转移的风险，并把中国称为“高风险跨境走廊”。美国的两党议员还提出《美洲开发银行透明度法案》，来限制中国企业竞标美洲开发银行的相关项目。我们都知道，中国基建以及制造业的产业链规模巨大，而且竞争力非常强，效率非常高，但是该法案限制了中国企业参与美洲开发银行的相关项目、阻止中国企业购买美洲开发银行更多股份。这就是一种典型的“脱钩断链”，只不过披上了一层“去风险”的面纱，其目的是站上道德的制高点。

美国经常说中国是非市场经济国家，也有一些国家说中国扭曲市场经济，但实际上这些发达经济体在发放补贴方面不遗余力，而且发放补贴的规模在全球都是罕见的。

比如，美国《2022 年芯片与科学法案》的补贴额度高达 2 800 亿美元，而且明确

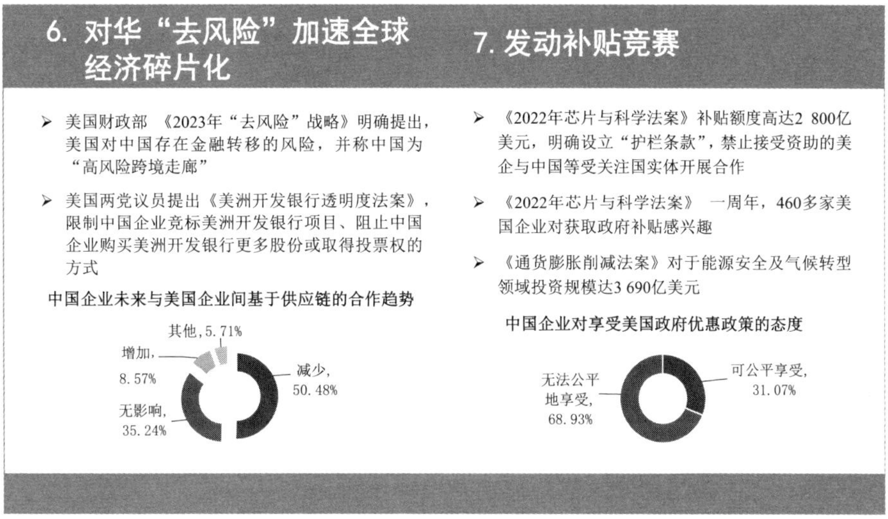

设立了“护栏条款”，禁止接受资助的美企和中国等受关注国实体有任何的经济往来和经贸合作，也就是说，和中国打交道，就不能接受美国政府的补贴。到 2023 年，《2022 年芯片与科学法案》已经实施了一年，460 多家美国企业对获取政府补贴感兴趣。这意味着他们愿意主动为了政府补贴放弃和中国开展经贸往来。美国政府通过补贴来转变企业的投资意愿，用政府的行政手段干预市场经济行为。

另外，美国的《通货膨胀消减法案》对于能源安全和气候变化领域整体的投资规模达到 3 690 亿美元，这也是美国在用政府的手段干扰经济行为，扭曲市场。

面对美国和欧盟营商环境变差这样一个背景，中国企业“走出去”应该怎样预防风险，做好应对的方案呢？我有以下四个方面的建议。

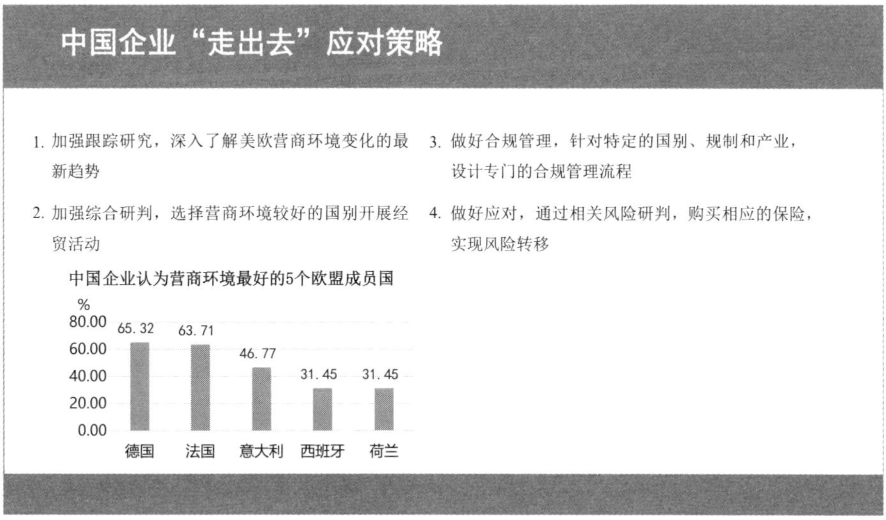

第一，加强跟踪研究。因为他们的政策都披上了法律的外衣，而这个法律可以说日新月异，所以，我们需要深入了解欧美营商环境变化的最新趋势，研究好每一个法案。

第二，加强综合研判，选择营商环境比较好的国别开展经贸活动。根据我们的综合调查和研判，德国、法国、意大利、西班牙、荷兰的营商环境相对宽松，对企业来说可以更多考虑这些国别。

第三，既然这些政策都是以法律的形式出现，对于我们来说都是强制性政策，是必须遵守的，我们就要做好合规管理，针对特定的国别、规制和产业，设定专门的合规管理流程。

第四，做好相关的应对，要提前对风险进行研判，同时购买相关的保险，做好相关的预案，实现风险转移，使我们在对外投资时能够获得预期的收益。管理好风险意味着减少损失，确保自己的投资计划能够真正落地。

演讲人：赵萍（中国国际贸易促进委员会研究院院长）

扫码观看　演讲视频

2.3　全球信用风险显著变化及其影响

摘要：2024 年全球信用保险存在七大显著的爆发点：欺诈，企业腐败，出口管制与制裁、数据保护引发的不诚信认定，反洗钱认定，财务造假，账款逾期和坏账，政治、军事、文化、外交冲突下的营商环境恶化。对此，企业应坚守道德与诚信原则，建立完善的合规管理机制，建立信用管理制度，重视信用风险研究，发挥行业组织与平台的专业作用，国家应建立多元化的信用风险评估预警体系。

今天我所讲的“信用风险”是一个广义的概念，是指一切与信用相关的因素带来损失的可能性，视角是面向企业。

首先，我想谈一谈 2024 年全球信用风险比较显著的七大爆发点。

第一，欺诈。世界银行有一个黑名单，主要制裁欺诈，针对性很强。由下图我们可以看出世界十大经济体被世界银行列入黑名单的企业和个人数量情况，截至 2024 年 2 月，共有 1 120 个制裁案例，其中中国有 195 个，占比为 17.4%。

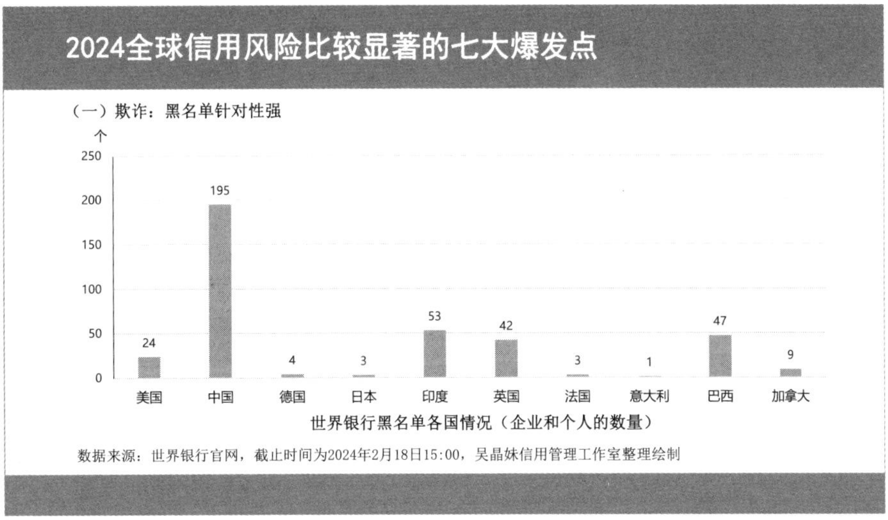

第二，企业腐败。美国《反海外腐败法》（*Foreign Corrupt Practices Act*，FCPA）对企业腐败的解释是，企业以报价、付款、承诺或礼物等方式有意地诱导接受者滥用官职权力，往往涉及伪造财务记录或者采取其他手段隐藏非法支付等不诚信和不合规的行为。由下图可以看到，美国 FCPA 在 2000 年以前执法案例比较少，2000 年以后暴涨，并且有巨幅波动，处罚力度也在不断加大，以前一般是数十万美元，现在动辄数亿美元。

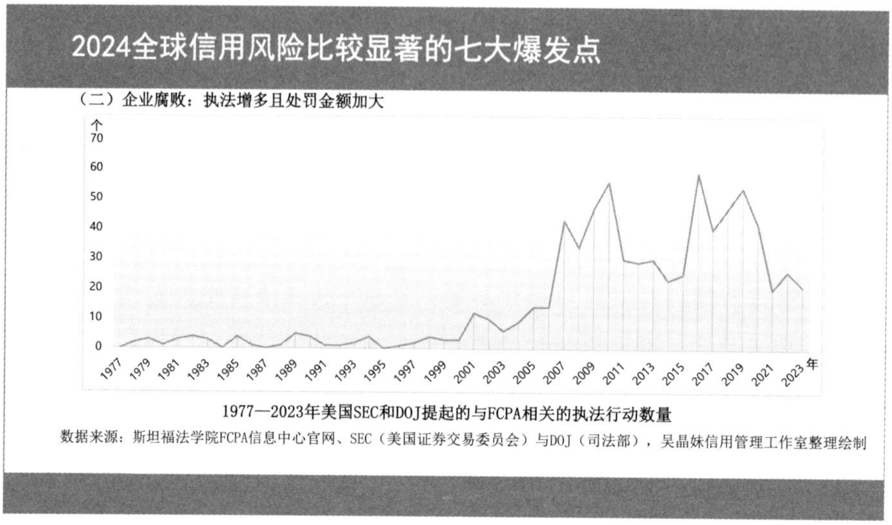

第三，出口管制与制裁、数据保护引发的不诚信认定。中国企业遭到贸易和科技打压有目共睹，通常大家不会将其和信用联系起来。但实际上，美西方为打压中国企业设置了数十个不同类型的限制名单，一般会对被列入名单的企业进行调查，如果企业涉及虚假陈述、虚假材料或者刻意隐瞒等信用问题，往往会遭受更加严厉的处罚，特别是会增加解释和反击的难度。现在中国企业在这方面的风险比较高。

第四，反洗钱认定。反洗钱被写进合规管理，特别是被纳入金融企业合规管理的重要领域。中资银行曾经因违反反洗钱规定被处罚，但是问题通常不在我们，主要是由于我们与被美国制裁的机构进行了交易，因此被认定为发票伪造、隐瞒交易身份、假货逃税等。中国企业必须时刻注意这方面的风险。

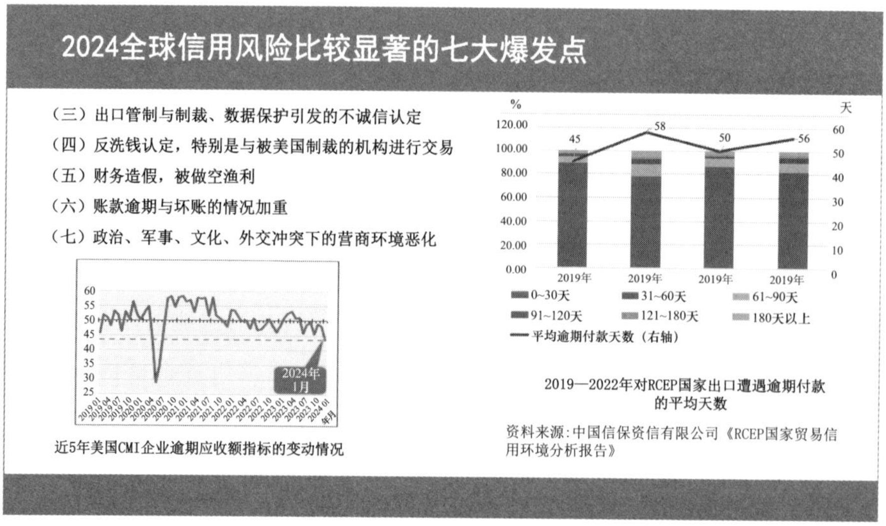

第五，财务造假。美国有些机构一直在寻找中国企业的不足，特别是针对上市公司，这几年曝出多起财务造假事件，主要是做空中概股而渔利。这就导致很多在美企业因为财务造假，或者是退市，或者是重组，或者是交巨额的和解款，这方面我们惨痛的案例非常多。

第六，账款逾期和坏账的情况。美国国家信用管理协会发布的 2024 年 1 月美国信用经理指数（Credit Managers Index，CMI）报告显示，近期与信用风险直接相关的指标都出现了不同程度的恶化，反映出美国企业回款比较困难，所以跟美国企业做生意要注意回款问题。上图折线显示逾期变化的情况，总体来看形势比较严峻。

中国出口信用保险公司发布的《RCEP 国家贸易信用环境分析报告》显示，中国企业境外应收账款的违约风险在 2020 年到 2022 年处于历史高峰，2022 年的平均逾期天数有所反弹，超长逾期付款占比明显上升，所以现在信用风险很大。

根据 Atradius 公司发布的《2023 年安卓企业付款行为报告》，在美国、加拿大、阿联酋、亚洲地区，企业普遍存在比较严重的逾期付款和坏账，相对来讲，亚洲情况好一点。

2024全球信用风险比较显著的七大爆发点

2022—2023年企业间按时付款、逾期、坏账情况

国家和地区	按时付款/VBI		逾期付款/VBI		坏账金额/VBI	
	2023年	2022年	2023年	2022年	2023年	2022年
美国	36	47	55	47	9	6
加拿大	37	52	56	43	7	5
阿联酋	33	38	56	53	11	8
亚洲	51	43	44	50	5	7

数据来源：Atradius公司官网发布的《2023年安卓企业付款行为报告》，VBI为自定义企业间发票总额（the Total Value of B2B Invoices），吴晶妹信用管理工作室整理绘制

第七，政治、军事、文化、外交冲突下的营商环境恶化。俄乌冲突、巴以冲突等都会导致企业营商环境恶化，因为这些事件会直接或间接导致信用风险爆发。同时，意识形态、文化冲突、外交关系恶化，会引发一些政策导向行为，使得中国企业在境外的营商环境恶化。

近几年，我们有很多优秀的头部企业在国际上遭遇到了非商业甚至是非经济的一系列冲突、纠纷、官司，很多涉及所谓的欺诈、违约、违规和歧视等信用问题。

针对以上七个爆发点，我认为全球信用风险变化值得关注五个重要方向。

2024全球信用风险变化值得关注的五个重要方向

（一）全球信用风险的来源向多元化和立体化发展

（二）全球信用风险的范畴从单一维度向三维扩展

（三）国际政治、军事、文化与外交冲突使全球信用风险猝不及防

（四）各国规则的变化与不确定性使信用风险管控艰难

（五）中国备受关注与被严苛要求

第一，全球信用风险的来源向多元化和立体化发展。以前讲到信用风险，主要涉及交易对手不讲信用带来损失的可能性，风险主要来自交易对手，比较直接、平面，可以预期，现在信用风险完全突破了这个认知，我认为需要重新研究现代信用风险。现代信用风险实际上是与信用交易相关的、直接或间接由于各种机构行为变化带来损失的可能性，除了交易对手，还可能包括自身、第三方以及他国政府。因此，现代信用风险的管理和防控不仅要做交易对手的评级，还应特别重视对第三方和他国政府的深度预测和评价。

第二，全球信用风险的范畴从单一维度向三维扩展。三维信用理论认为，现代企业的信用风险已经由原来的单一践约度向诚信度、合规度、践约度三维拓展。信用风险的内涵和构成更加广泛和丰富，从诚信和合规出发产生的管理、处罚甚至制裁，都成为现代信用风险管理的重要组成部分，而且是新的组成部分。现在到了该重视加强信用管理的时候。

第三，国际政治、军事、文化与外交冲突使得全球信用风险猝不及防。通常认为，市场经济和契约精神是神圣不可侵犯的，在此情况下信用风险是可评估、可控的。但是现在事实并非如此，制裁清单、冻结账户、封锁与打压、废弃协议等让我们看到市场经济规则失效，契约精神被摒弃，信用风险几乎不可控。所以，现代信用学认为，信用问题不仅是精神原则与道德层面的问题，更是经济规则与社会治理问题。从世界范围来看，信用应该是国际规则的基础规则之一，不容霸权超越与践踏，但是现在事与愿违。

第四，各国规则的不断变化和不确定性使得信用风险的管控特别艰难。合规管理是一个比较新的领域，目前很多国家的规则正处于不断变化与重构的阶段，这导致因不合

规而受罚的企业数量有所增加。事实上，这些企业之所以受罚，有时是因为对规则不够了解，甚至是对已变更的规则缺乏认识；有时是因为认知存在差异，从而想当然地从自己的角度加以理解推断。这种做法往往会引发他国监管的不满，认为企业强词夺理、缺乏诚信，最终导致更加严重的处罚。目前，全球格局与国际秩序正经历剧烈的动荡，经济规则的重建与确认，以及诚信文化、管理体制、信用体系的包容和互认前途漫漫。

第五，中国现在备受关注与被严苛要求。近几年一个明显的趋势是，中国企业成为重点调查和监管的对象，在限制清单中的占比持续居高不下。2018 年 11 月，美国司法部发布了《中国行动倡议》，其中明确表示将在 FCPA 执行中挑出与美国存在竞争关系的中国企业，加大执法力度。这种不正常的现象毫无疑问是美国自身的问题。在中华民族伟大复兴的道路上，尽管我们一贯秉承世界友好、合作共赢的原则，但是当我们越接近巅峰，美西方霸权就越要与我们对抗。预计“走出去”的中国企业将面临更大的困难和挑战。面对这种情况，我们该如何应对？

对此，我提出六点建议，供各位参考和批判。

企业“走出去”应对全球信用风险变化的六点建议

（一）坚守道德与诚信原则，做好自己

（二）建立完善的合规管理机制，行稳致远

（三）必须建立信用管理制度，学会用国际话术与国际沟通

（四）企业要重视信用风险研究，加强学习与培训

（五）行业组织与平台应发挥更多的专业作用

呼吁与倡议：成立中国企业信用经理人联盟，编制和发布中国的CMI

（六）国家应建立多元化的信用风险评估预警体系

具体建议：按地缘政治格局进行信用风险监测；出台反制法案

第一，坚守道德与诚信原则，做好自己。诚信是基本的商业道德和各国法律共识，不需要特别约定，也没有具体条款，因此在实践中很难掌握尺度，也很容易出问题。“走出去”的中国企业在下面几个问题上要特别注意：签署协议、设置机构、招投标、参与世界银行的项目，以及与各方邮件往来。在这些沟通中，要特别注意措辞、陈述，避免自作聪明采取所谓的规避行为。要防止引发投诉或者触发调查机制，因为这很容易被认为违反诚实信用原则而被加重处罚，相关细节可以参阅世界银行的制裁报告。我们工作室分析过 2022 年的报告，结果显示 80% 的处罚案件涉及所谓的欺诈和误导性陈述。

第二，建立完善的合规管理机制，行稳致远。一方面，可以使企业尽量免遭制裁，

预防和降低损失；另一方面，也有助于中国企业在国际上建立良好的声誉。目前，世界银行《诚信合规指南》，美国司法部的《企业合规机制评估指南》，国务院国资委、国家外汇管理局、全国工商联等共同制定的《企业境外经营合规管理指引》都可以作为企业搭建合规体系的重要参考。

第三，企业必须建立内部的信用管理制度，要学会用国际话术和国际沟通。欧美发达国家规模以上的企业内部都设立了信用管理部门或信用管理岗位，有通用的信用管理流程，有专门的信用管理术语。企业往往有专门的信用经理人和信用管理师，还会像聘请法律顾问一样聘请信用管理顾问。企业必须有自己的信用管理顾问，方便国际企业之间的交流和建立信任。

第四，企业要重视信用风险研究，并且加强信用管理培训。企业现在各方面的培训很多，但对信用知识的掌握很少。信用是获得信任的资本，对信用的投入就是对自身资本的投入。在信用经济时代，企业应该设立专项的信用管理经费，开展信用管理研究和培训，提升自己的信用资本价值，以信用赢天下。

第五，发挥行业组织和平台的作用，编制中国的CMI。建议有条件的行业或领域成立“走出去”企业信用促进会，现有的行业组织应该成立信用服务委员会，在已有的服务平台中应该加一个信用服务板块。在此我呼吁并且倡议，本论坛发起成立中国企业信用经理人联盟，编制中国自己的CMI。信用管理这件事联合起来力量才能大，比如应收账款，单枪匹马去追很难，如果能够组织起来，形成合力，并采取有序的措施，那么追讨工作就会容易得多。在现代信用风险这么严峻的情况下，单枪匹马很容易被信用反噬。

第六，建立多元化的信用风险评估预警体系。建议国家层面出台相关的政策，鼓励公共服务机构、市场化机构、科研院所等从多角度、全方位地进行国际信用风险的评估、预警并提供智库报告。眼下比较急迫的就是，按地缘政治格局进行信用风险监测，并及时向企业及管理层提供高端智库建议。此外，还应该尽快编制和出台相关的反制法案，以法制法，并且在制衡中获取主动，让我们强大的祖国为企业撑起一片蓝天。

演讲人：吴晶妹（中国人民大学教授）

扫码观看　演讲视频

2.4 “走出去”企业境外人员安全风险减量新挑战

摘要： 进入 21 世纪以来，中国“走出去”的人员在不断增加，并遇到一些前所未有的困难和挑战。影响企业境外人员的安全风险因素包括地区冲突、全球选举、合规风险、仇恨犯罪、恐怖活动、环境问题、经济风险和污名抹黑，并由此带来了知风险、防风险和抗风险的挑战。对此，应通过升级政府预警服务、改进企业预防体系、塑造良好的公共关系、完善多元应急处置等方式助力企业持续开展境外人员安全风险减量。

中国企业“走出去”风险发布会已经成功举办了 10 年，成为备受期待的品牌活动。

进入 21 世纪以来，中国“走出去”人员在不断增加。举例来说，20 多年前，我曾在中国驻以色列使馆工作，因为工作关系访问了一些周边国家，当时常被误认为是日本人或韩国人。当得知我是中国人时，他们特别惊讶，说“竟然还有中国人到我们这里来”。现在，中国人员“走出去”的规模和范围都是前所未有的，但同样，所面临的困难和挑战也是前所未有的。

首先，让我们探讨影响企业境外人员安全的一些风险因素。

2024 年严重影响企业境外人员安全的八大风险因素

一、**地区冲突：** 多点爆发，长期化、外溢化趋势加剧

二、**全球选举：** 2024 年是世界历史上从未有过的“超级大选年”，78 个国家和地区将举行全民性的选举，超过全球人口的 60%

三、**合规风险：** 与地缘政治相关的制裁；大国博弈与合规风险的扩大化

四、**仇恨犯罪：** 种族、民族、宗教和文化偏见

2024年可能引发全球影响的选举活动

选举名称	选举时间	需要关注的风险
孟加拉国国民议会选举	1月7日	安全、监管、政治稳定性
印度尼西亚总统选举	2月14日	安全、监管、政治稳定性
塞内加尔总统选举	2月25日	安全、监管、政治稳定性
伊朗议会选举	3月1日	安全、监管、政治稳定性
俄罗斯总统选举	3月17日	安全、监管、政治稳定性
印度大选	4—5月（预计）	安全、监管
南非总统选举	5月（预计）	安全、监管、政治稳定性
墨西哥总统选举	6月2日	安全、监管
欧洲议会选举	6月6—9日	监管
美国总统选举	11月5日	安全、监管、政治稳定性
加纳总统选举	12月7日	安全、监管、政治稳定性
委内瑞拉总统选举	待定	安全、监管、政治稳定性

资料来源：化险集团（Control Risks），https://www.controlrisks.com/zh/our-thinking/chinese/ten-global-topics-and-trends-to-watch-in-2024

第一，地区冲突。大家可能都听说过“蝴蝶效应”，现在我们讲人类命运共同体，任何地方的安全风险或者安全事件可能都与我们息息相关。10 多年前，我与一位出租车司机交谈时，他非常不解地说：“你们学校有一个中东问题专家天天上电视讲中东，中东跟我们有什么关系呢？离得那么远。”我想了一下，解释说：“跟你还是有关系的，

因为中东如果有事了，油价就会涨，你的收入就会减少。”他想想后说是对的。

任何境外风险都可能和我们有不同程度的关系，比如巴以冲突和红海危机，导致船只需要绕行，运输成本增加，同时促进了中欧班列贸易量的上升。如今，世界各个地区冲突多点爆发，长期化和外溢化的趋势短时间内很难改变。

第二，全球选举。2024 年是全球选举的重要年份，包括俄罗斯总统选举和美国 11 月的大选，大选地区占世界人口的 60%。有些国家的民主制度尚不成熟，有些国家逢选必乱。中国驻外使领馆在选举临近时，会提醒中国公民尽量减少前往人多的公共场所。另外，大选会带来领导人更迭、政权更替，可能会引发游行、示威、暴力、冲突等安全事件，对我们人员的安全产生影响。

第三，合规风险。首先，与地缘政治相关的制裁，比如西方国家对俄罗斯的制裁，可能会波及我们的企业。其次，大国博弈使得合规风险扩大化，如故意加强执法。举个例子，中印边境对峙之后，印度国内的反华情绪一直高涨，导致中资企业在印度的营商环境急剧恶化，印度的执法部门刻意加强针对中资企业的合规性调查。2024 年新年伊始，印度执法局在新德里、哈里亚纳邦等 19 个地方进行了突击搜查，调查与中国人有关的企业是否涉及洗钱，甚至还把一些中资企业的员工带走进行调查。

第四，仇恨犯罪。“仇恨犯罪”这个词最初广泛进入公众视野是在新冠疫情期间，因为病毒的传播导致了针对亚裔的仇恨犯罪数量增加。目前，世界各地由于种族、民族、宗教和文化偏见而引发的犯罪行为持续上升。美国和欧洲的智库报告指出，巴以冲突之后，世界上反犹主义和仇视伊斯兰教的犯罪事件数量有所上升。预计 2024 年全球的选举也将加剧社会的潜在紧张局势，比如印度、孟加拉国、巴基斯坦、南非、南苏丹，甚至美欧都可能会出现仇恨犯罪，企业人员在工作场所内外或出差途中都可能会面临风险，成为仇恨犯罪的潜在目标。

2024 年严重影响企业境外人员安全的八大风险因素

五、**恐怖活动：**部分地区激进分子和叛乱组织仍比较活跃

六、**环境问题：**2024年有22%的概率成为有记录以来最热的一年，可能会引发极端天气、自然灾害、粮食危机、流离失所、环保抗议行动

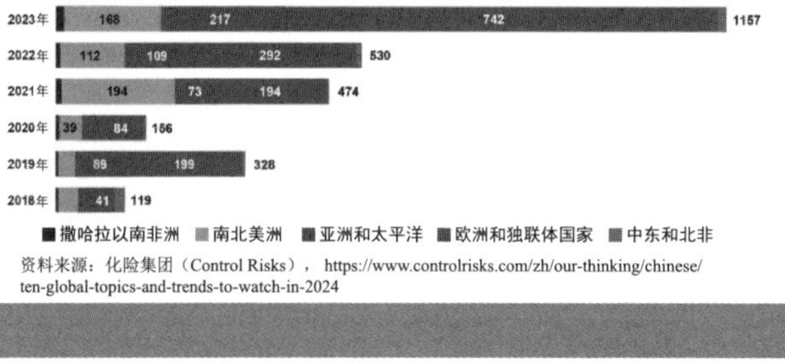

资料来源：化险集团（Control Risks），https://www.controlrisks.com/zh/our-thinking/chinese/ten-global-topics-and-trends-to-watch-in-2024

第五，恐怖活动。恐怖活动在某些地区仍然比较活跃，如巴基斯坦，恐怖分子在难以直接攻击中资企业严密防范的营地后，转而针对通勤班车寻找可乘之机，袭击目标不仅包括中资企业员工，还包括其他人员，甚至包括孔子学院的老师。此外，西非的萨赫勒地区、巴勒斯坦、哥伦比亚以及中东和东南亚的部分地区，激进分子和武装叛乱组织依然对区域安全构成严重的威胁。

除了传统的恐怖袭击之外，还有所谓的“混合不确定、不稳定因素而导致的暴力极端主义”。这类行为的动机复杂多样，比如激进的意识形态、个人不满、网络犯罪、心理不健康等，结果大多难以预测，给政府、企业和员工带来新的安全威胁。

第六，环境问题。科学家预测，2024 年全球气温较 2023 年更高，极易引发极端天气事件、自然灾害和粮食危机，进而导致人们流离失所。气候变化的加剧使得与气候相关的抗议行为增多，如大规模的环保抗议活动可能会导致会议中断、企业人员住所遇袭、交通和基础设施中断以及财产损失。特别是能源、采掘、交通运输、科技、建筑行业，它们更容易受到气候变化的影响。

中国驻外使领馆发布的安全提醒常常与气候问题有关，比如气候因素造成暴雨，暴雨引发泥石流，泥石流导致道路中断，会直接影响企业施工进度。在中亚等地区，施工时间本来就受到极寒天气的限制，如果冬季气温继续下降，将会导致施工时间进一步缩短，增加完成合同的压力，对工人的劳动强度和心理健康造成影响。

2024 年严重影响企业境外人员安全的八大风险因素

七、**经济风险**：IMF预计2024年全球经济增长率为3.2%。为对抗通货膨胀而提高央行利率，政府在高债务的情况下减少财政支持，易导致政治不稳定和动乱风险

• 世界银行估计，发达经济体增速将由2023年的1.5%放缓至2024年的1.2%，而发展中经济体2024年预计仅增长3.9%，比上一个十年的平均水平低1个多百分点。到2024年年底，大约25%的发展中国家和约40%的低收入国家的人口仍将比2019年新冠疫情暴发之前更加贫困

八、**污名抹黑**：关于中国的负面报道

• 津巴布韦《先驱报》刊发报道，抨击美国收买、培训写手，教唆抹黑中国在津巴布韦投资企业

	实际GDP (%)					修订*		
	2021 年	2022 年	2023e 年	2024f 年	2025f 年	2023e 年	2024f 年	2025f 年
世界	6.2	3.0	2.6	2.4	2.7	0.5	0.0	-0.3
发达经济体	5.5	2.5	1.5	1.2	1.6	0.8	0.0	-0.6
新兴市场和发展中经济体	7.0	3.7	4.0	3.9	4.0	0.0	0.0	0.0
东亚太平洋地区	7.5	3.4	5.1	4.5	4.4	-0.4	-0.1	-0.1
欧洲中亚地区	7.1	1.2	2.7	2.4	2.7	1.3	-0.3	0.0
拉美加勒比地区	7.2	3.9	2.2	2.3	2.5	0.7	0.3	-0.1
中东北非地区	3.8	5.8	1.9	3.5	3.5	-0.3	0.2	0.5
南亚地区	8.3	5.9	5.7	5.6	5.9	-0.2	0.5	-0.5
撒哈拉以南非洲地区	4.4	3.7	2.9	3.8	4.1	-0.3	-0.1	0.1

* 与2023年6月预测之差（百分点）

第七，经济风险。国际货币基金组织预测，2024 年全球经济增长率为 3.2%，低于历史平均水平。此外，债务成本的上升和政府开支的缩减将进一步加剧全球不稳定，贫困问题也因此变得更加突出。据世界银行估计，到 2024 年年底，约 25% 的发展中国家人口将比新冠疫情暴发之前更加贫困。此外，2023 年下半年，全球粮食价格已经出现

上涨迹象，非洲、南亚和西亚尤为明显。预计 2024 年粮食价格仍将居高不下，加剧贫困问题，而贫困与犯罪（包括恐怖袭击）相互关联。

第八，污名抹黑。2021 年，津巴布韦《先驱报》披露，美国驻津巴布韦使馆以通过资助相关机构举办研讨会的形式，拉拢媒体记者撰写针对津巴布韦中资企业的负面报道，并为每篇报道提供 1 000 美元的资助。报道被要求重点关注中资企业的问题，比如中资企业违反《劳动法》、破坏环境、与当地人发生冲突等议题。这仅仅只是美国在全球范围内遏制中国战略的一个缩影。

根据化险集团发布的《2024 年全球风险评级地图》，大部分地区呈现中等或高风险，安全区域相对较少。特别是在 2024 年这个全球选举年，一些人口众多的国家，如孟加拉国、巴西、印度、印度尼西亚和墨西哥等，它们的选举动态尤其值得关注。

境外人员风险减量面临的挑战，可以简要概括为以下三个方面。

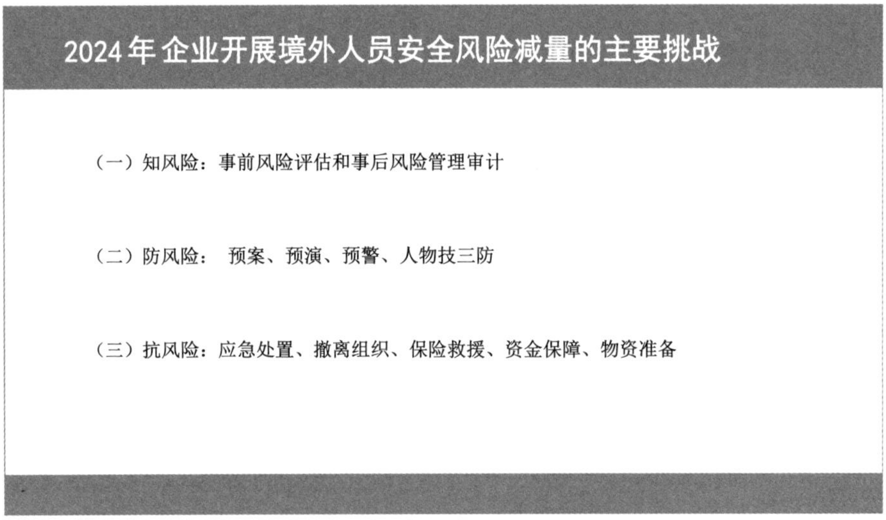

第一，知风险。要进行事前风险的评估和事后风险管理的审计。

第二，防风险。在评估的基础上要有预案。2023 年 10 月，我在孟加拉国出差期间与当地中资企业协会进行了座谈。他们告诉我，协会内部刚刚新设了合规部，专注合规问题，这就是很好的防风险措施。全球大型企业为了应对地缘政治风险，通常会设立地缘风险分析官员，专门分析地缘政治风险对企业的影响。此外，日前报纸上提到，日本政府在其驻外使领馆设立了专门职位，以帮助日本企业更好地应对来自中国的威胁。

除了预案之外，防风险还包括预演、预警和人物技三防。

第三，抗风险。其中包括应急处置和撤离组织，如电影《千里归途》反映的那样。我看过一些企业的报告，像中石油等大型企业，都要求其海外项目部制定详细的撤离方案，包括陆地、空中和海上的撤离路线，以及如何获取交通工具、预算准备和保险救援等。现在，保险已成为非常好的风险分担途径，大型企业通常会为员工购买保险。此外，资金保障和物资准备也至关重要，比如有些企业会设立集结点，并储备必需的物资，如水、食物等。我曾在以色列使馆工作，由于该国风险比较高，使馆为每位工作人员准备了应急物资，包括一箱罐头、水和手电等，以备不时之需。这些都是非常重要的防风险手段。

针对境外人员安全风险，提出以下四点呼吁。

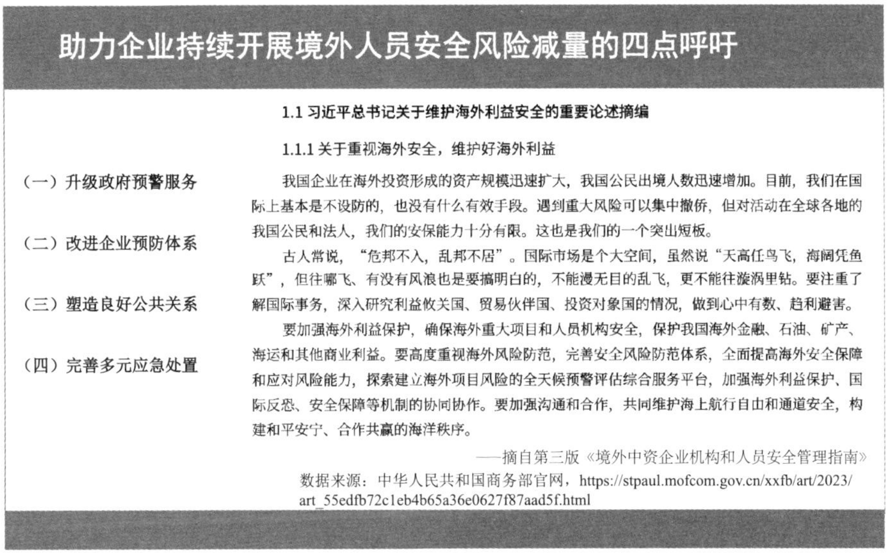

第一，升级政府预警服务。鉴于我们处于一个多元体系，习近平总书记关于安全风险的讲话中提到：“我们在国际上基本是不设防的，也没有什么有效手段。遇到重大风险可以集中撤侨，但对活动在全球各地的我国公民和法人，我们的安保能力十分有限。这也是我们的一个突出短板。古人常说，‘危邦不入，乱邦不居’。国际市场是个大空间，虽然说‘天高任鸟飞，海阔凭鱼跃’，但往哪飞、有没有风浪也是要搞明白的，不能漫无目的乱飞，更不能往漩涡里钻。要注重了解国际事务，深入研究利益攸关国、贸易伙伴国、投资对象国的情况，做到心中有数、趋利避害。要加强海外利益保护，确保海外重大项目和人员机构安全，保护我国海外金融、石油、矿产、海运和其他商业利益。要高度重视海外风险防范，完善安全风险防范体系，全面提高海外安全保障和应对风险能力，探索建立海外项目风险的全天候预警评估综合服务平台，加强海外利益保护、国际反恐、安全保障等机制的协同协作”。目前，我们已建立不同的渠道发布政府预警信息，包括外交部、商务部以及专业服务公司等，这些风险预警信息对于我们了解目的地国家的安全状况非常重要，是我们“走出去”之前必须关注的重要信息来源。

第二，改进企业预防体系。这与第三点也密切相关。

第三，塑造良好的公共关系。我们都知道，企业在国外安全保护难，难就难在它在国外。有人把领事保护称为“境外 110”，其实是不准确的，因为在国内，军队、警察都是强有力的执法部门，可以提供一些保护，但是在国外就很难提供有效保护。在这种情况下，企业需要依靠自身努力，通过履行社会责任、为当地社区带来实际利益，来维护一个良好的公共关系。例如，一家中资企业在埃塞俄比亚修公路，因为是一个战略性项目，东道国政府非常支持。但即使有所在国政府的大力支持，由于这条公路占据了当地部落赖以生存的牧场，因此遭到了周边部落的极力反对，常年面临着周边部落的枪击风险，项目人员的生命安全受到极大威胁。还有一个很好的例子是蒙内铁路，蒙内铁路的总设计师在一次讲座中提到，当他们在设计蒙内铁路时考虑到了长颈鹿的迁徙路径，所以铁路设计得很高，就是为了让长颈鹿能够从桥下通过。尽管这样做增加了建设成本，但赢得了当地人的好感。

第四，完善多元应急处置。应急处置应是多层次的，包括政府方面提供保护，比如领事保护、外交保护等；企业层面建立预警体系；公民个人做好预防措施，比如卫生安全方面，在一些蚊虫多的地方，个人做好防蚊，这就是很重要的预防措施。

演讲人：夏莉萍（外交学院教授）

扫码观看　演讲视频

第 3 部分

2024 全球投资服务论坛主题演讲及圆桌对话

3.1　企业在共建“一带一路”金色十年的机遇与挑战

摘要：十年来，“一带一路”从中国倡议走向国际实践，从理念转化为行动，从愿景转变为现实，从谋篇布局的“大写意”到精耕细作的“工笔画”，取得实打实、沉甸甸的共建成就，成为深受欢迎的国际公共产品和国际合作平台。在共建“一带一路”金色十年的背景下，企业应着眼于长周期、全链条、国际国内双循环的新发展格局，立足自身优势，建立安全保障体系，选择好出海角度。

我们国家现在正处在非常重要的历史关键时刻，未来十年将是中国从大国迈向强国的关键十年，我概括为五个关键。

第一，大国竞争博弈能否取胜的关键十年。

第二，中国 2035 年基本实现社会主义现代化决战决胜的十年。

第三，百年未有之大变局、百年未有之大乱局变乱交织的世界中，奠定未来发展趋势的关键十年。

第四，中国式现代化、中国高质量发展迈出实质性步伐，为未来建设强国打下坚实基础的十年。

第五，习近平主席在第三届“一带一路”国际合作高峰论坛上提出来的共建“一带一路”的金色十年。能否实现金色十年，对于共建“一带一路”是否能够行稳致远，取得最终的成功，达到预期目的，是非常关键的十年。

因此，我今天给大家演讲的题目是“企业共建‘一带一路’金色十年的机遇与挑战”。

第一，共建“一带一路”重大倡议是中国国家主席习近平面向世界百年未有之大变局，赋予中国和世界创造的古丝绸之路精神以新的时代内涵，为当今世界贡献的独特中国智慧和第一个完整的中国方案。“一带一路”重大倡议与联合国《2030 年可持续发展议程》中的 17 项目标高度契合，有效对接，形成合力。中国高度重视落实联合国《2030 年可持续发展议程》，历史性地解决了自身的绝对贫困问题，并以自身经验推进共建“一带一路”，这个重大倡议已经得到了全世界 3/4 的国家（151 个国家）和 32 个国际组织的高度赞同和参与。

第二，“一带一路”经过十年的不懈努力，已经形成了跨国经济合作的基础框架和发展态势，成功建设了一批标志性项目，为全球互联互通、共同发展注入了新的活力。目前，我们已经形成涵盖陆、海、空、网、冰“五位一体”的发展格局。“陆”代表陆上丝绸之路，涉及 2.2 万公里的边境线，连接着我国与相关国家；“海”指的是通过海洋与相关国家的连接；“空”则强调通过航空线路的连接，拓展我国的空中通道；“网”代表了数字经济，通过互联网、数字经济、人工智能与更多国家实现互联互通；“冰”是指我国与北极国家的合作。随着冬季变暖，北极地区的冰层正在融化，为新的航道开辟了可能性。2024 年，俄罗斯开启了破冰货运，北极航道的开启可以减少我国到欧洲、美洲的国际航运距离 40% ~50%，降低 40% ~50% 的运输成本。此外，冰上合作还包括资源开发等领域，目前这些合作项目也在积极推进。

我们还形成了“六廊六路多国多港”的主体框架。“六廊六路多国多港”基于古丝绸之路，“六廊”是指六大国际经济合作走廊。第一条是新欧亚大陆桥，从俄罗斯西伯利亚开始，一直到欧洲的卢森堡。第二条是中巴经济走廊，从新疆喀什开始到巴基斯坦瓜达尔港。第三条是中国—中亚—西亚经济走廊。第四条是中国—中南半岛经济走廊，包括两条陆上通道：一条是从广西出发到中南半岛，也就是东盟地区；另一条是西部陆海大通道，目前进展最快，从成都和重庆开始，覆盖境内 12 个省份和境外 5 个国家，分东、中、西三条通道连接到北部湾，进而与东盟国家建立海上连接。第五条通道是中国—南亚经济走廊，实际上就是孟中印缅经济走廊。由于印度自始至终没有参与“一带一路”的共建工作，而且昂山素季被军方控制，加之孟加拉国虽然处于走廊中间位置，但两端连接不畅，所以整条经济走廊处于停滞状态。第六条是中蒙俄经济走廊，目前建设进展较快。黑龙江与俄罗斯接壤两千多公里，是向北开放战略的重要窗口，新疆维吾尔自治区与蒙古国、俄罗斯及哈萨克斯坦、吉尔吉斯斯坦、塔吉克斯坦、巴基斯坦、印度、阿富汗等国直接接壤，边境线长达 5 680 公里。因此，中蒙俄经济走廊不仅目前进展最快，也是未来“一带一路”向北开放的重要布局。

目前，俄罗斯也正在打造互联互通的一体化的架构。在第三届“一带一路”国际合作高峰论坛上，俄罗斯总统普京在习近平主席之后致辞，阐述了俄罗斯未来如何构建互联互通的大格局。这一规划也是在向中国学习，围绕互联互通制定了国家规划。

在“一带一路”框架下，如果所有规划的基础设施项目全部得以落实，根据世界银行与麦肯锡的研究报告预测，我们可以使 760 万人脱离绝对贫困，使 3 200 万人脱离相对贫困。到 2030 年，每年有望为全球带来 1. 6 万亿美元的收益，占世界经济总量的 1. 3%。到 2050 年，“一带一路”有望振兴给世界经济增长贡献八成的地区，也就是说，80% 的地区和国家将受益于“一带一路”提供的机遇，新增 30 亿中产阶级人口。这些预测都是由世界银行和美国麦肯锡经过研究得出，显示出世界对“一带一路”前景的乐观态度。

高质量共建“一带一路”，基础设施“硬联通”是重要方向，“一带一路”共建国家人民“心联通”是重要基础，标准规则“软联通”是重要支撑。

第三，“一带一路”正在跨越不同文明、文化、社会制度和发展阶段的差异，创造了追求共同发展的最大公约数和越来越深厚的国际社会根基。习近平主席指出："文明如水，润物无声。我们应该推动不同文明相互尊重，和谐共处，让文明交流互鉴成为增进各国人民友谊的桥梁、推动人类社会进步的动力、维护世界和平的纽带。我们应该从不同文明中寻求智慧，汲取营养，为人们提供精神支撑和心灵慰藉，携手解决人类共同面临的各种挑战。"

刚才沈开涛主席在致辞中讲到了我们企业"走出去"可能会面临的各种风险和挑战。确实，当前我们所处的世界是不确定的、不均衡的、多变的，世界百年未有之大变局进入深刻的变革期。只有充满自信的文明，才能在保持自己民族特色的同时，包容、借鉴并吸收各种不同的文明。

第四，共建"一带一路"的目标不可能一蹴而就，"智合者，不以山海为远"，需持之以恒努力并不断解决前进中的问题，推动这项伟大的事业行稳致远。

习近平主席在第三届"一带一路"国际合作高峰论坛上总结了十年来的成就，提出了未来共建"一带一路"的八项行动倡议。

总的来说，我们要坚持问题导向、结果导向，不断地校正前进的方向。针对国内部分地方政府以行政手段推动工作、一些企业盲目跟风投资引发恶性竞争，以及部分"一带一路"共建国家出现的政治动荡和投资风险，习近平主席做出了一系列重要的批示，不断地推出新的布局，提出新的防范风险的大措施。

第五，推动共建"一带一路"是中国高水平、制度性、引领性开放的重大举措，是开放型中国与开放型世界连接的桥梁纽带，企业在共建"一带一路"金色十年中可以大有作为。

当然，我们所面临的风险和挑战是严峻的，大国竞争博弈越来越激烈，而非趋于缓和。一些国家采取了霸权、霸道、霸凌的行为，对中国的遏制打压越来越严厉，表面上的缓和掩盖不了实质性的遏制。在这样的背景下，我们共建"一带一路"也遭遇了很大的风险和挑战，包括来自国际上的对冲策略。比如，七国集团（Group of Seven，G7）国家倡导的"全球基础设施和投资伙伴关系"计划、美日印澳联盟、奥库斯联盟、两点行动计划，以及现在推出的印度—中东—欧洲经济走廊。然而，从积极的角度看，这些举措实际上都在推动全球的互联互通和经济连通性。尽管某些国家的出发点可能与中国不同，但最终客观结果表明，它们某种程度上是在向中国学习，效仿"一带一路"倡议。中国在基础设施建设方面所形成的优势和奠定的基础，以及一系列标志性项目的全球示范效应，表明"一带一路"倡议在推动全球互联互通方面具有重要的作用。我们认为，这一趋势已经成为不可逆转的全球大势。值得注意的是，我们所取得的成就越显著，我们所面临的风险和挑战就越严峻，我们所受到的外部遏制打压也越激烈。

因此，为了推动"一带一路"建设行稳致远，从繁荣十年迈向金色十年，企业要学会在全球化的大海里游泳，在全球市场中配置资源，并拓展自身的发展空间和领域。未来在“五通”即“政策沟通、设施联通、贸易畅通、资金融通、民心相通”中，我们到底应该如何寻找机会，如何开辟国际市场？“一带一路”这一重大倡议已经赢得全球 3/4 国家的响应，从而奠定了坚实的基础，即便在美、英、日、澳等国推出众多计划和倡议的竞争下，“一带一路”倡议都难以被撼动。在此背景下，市场主体应该积极发掘和把握机会。风险固然存在，但与之相伴的应是更多的机会，以及更大的收益。我们推进“一带一路”的目的，用一句直白的话来说，不是为了赔钱。对于有些国家，我们提供的是援助，但在参与共建“一带一路”的过程中，我们还需要通过市场主导、企业主体、商业化运作、第三方参与的模式，共同推进发展。我们寻找的是成功的机会，而非失败的风险。

我们拥有丰富的机遇，特别是在重点国家和区域。以东盟为例，东盟已经连续 15 年成为我国最大的贸易伙伴，并且我国与中南半岛的联通性目前也最好，东盟已经成为中国产业链和供应链最主要的组成部分。在当前国内国际双循环的发展格局中，东盟是连接这两个循环的关键区域。再如，2023 年中国和俄罗斯的贸易额已经达到 2 300 亿美元，与日本的贸易额为 3 500 亿美元，与韩国的贸易额更是高达 3 600 亿美元。中俄贸易额从 600 亿美元起步，习近平主席和俄罗斯总统普京曾经确定，到 2025 年中俄贸易额将实现 2 000 亿美元，但实际上在 2022 年就实现了这一目标，2023 年更是达到了 2 300 亿美元，而且未来贸易增长空间还很大。在能源合作方面，我国与中东地区的合作空间同样广阔。我国与卡塔尔签订了长达 27 年的天然气合作协议，与伊朗签署了为期 25 年的能源合作协议，包括基础设施建设合作。此外，我国还与沙特签署了 25 年的合作协议，沙特正在规划红海新城的建设，其规模之大相当于 3 个上海。尽管沙特以生产传统能源著称，但其新能源（光伏发电）的开发已委托给中国的 5 家公司，而未来城市的数字化基础设施建设则交由华为负责。这些进展表明，我们在关键区域无论是在贸易还是投资方面都取得了重大突破。

中国的外交政策也为企业投资创造了良好的外部环境。作为世界大国和联合国 5 个常任理事国之一，中国在国际外交中发挥着重要作用，为世界和平发展做出了巨大贡献。例如，我国促成了伊朗和沙特的和解，推动了中东地区的和平进程。尽管巴以冲突因美国的介入而愈演愈烈，导致非国家组织参与的战争在中东爆发，但中国在担任联合国轮值主席期间，成功推动以色列停战 11 天，这是一项了不起的成就。此外，中国特使李辉已经两次前往俄罗斯和乌克兰进行和平斡旋，以解决俄乌冲突。在阿富汗战后重建方面，中国两次召开周边国家外长会议，其中一次在安徽屯溪，展现出中国在世界和平与发展中日益攀升的贡献和作用。在上合组织和金砖国家等多边框架中，中国正积极发挥作用，现已经成为和平与发展的领导力量、引领力量和不可或缺的力量。

习近平主席在第三届“一带一路”国际合作高峰论坛上提出了高质量共建“一带一路”的八项行动：第一，构建立体的互联互通网络；第二，支持建设开放型的世界经济；第三，开展务实合作；第四，促进绿色发展；第五，推动科技创新；第六，支持民间交往；第七，建设廉洁之路；第八，完善“一带一路”国际合作机制。为了响应习近平主席提出的八项行动，创建未来金色十年，企业需要积极“出海”。

然而，面对一个动荡不定、风险重重、战争频发的世界，企业应该如何“出海”，才能最大限度规避风险并寻找市场的机会？以下是一些企业成功“出海”的案例分享。

第一，贸易出海。2023 年，中国的外贸经营主体首次超过 60 万家，其中 46.6% 的贸易增长来自“一带一路”相关国家。在数字贸易、服务贸易、中间品贸易、国际数据产业、离岸数字中心和离岸交易平台等领域，中国正在“一带一路”相关国家建立影响力，这表明贸易出海是我国企业走向国际的正规化路径。

第二，文化出海。以网络文学为代表的新文化，已经成为文化出海的重要形式，带动了影视、游戏、动漫、短视频、微短剧等文化产品的国际传播。尽管中国微短剧在美国网络平台上的质量参差不齐，但是它们在美国大受欢迎。以 TikTok（抖音）为例，美国 3.4 亿人口中约有 1.7 亿是该平台用户，其中很大一部分人热衷于追剧。有一家公司专注于这一领域，将中国短视频翻译成英文，并在美国抖音上播出，创造了数以亿计的年营业额。这一现象标志着我们的文化出海已经从传统的文艺演出转变为网络文化输出，曾经风靡一时的“韩流”已经逐渐演变为“华流”。

第三，园区出海。在“一带一路”共建国家，中国企业牵头建立的园区正在成为民营企业抱团出海的重要平台。我们要建立面向民营企业抱团出海、有所在国法律和制度保障的环境和生态，支撑民营企业在园区创建国际研发中心，形成一站式服务体系。在此方面，现已有很多成功案例，例如在老挝，我亲眼看见一家中国企业建立了一个近 100 平方公里的园区。老挝共有 22 个园区，其中 80% 是由中国的头部企业建立，这些园区的建设非常成功。

第四，博览会出海。贸促会正积极推动博览会出海，将一些国内成功的博览会模式复制到海外，尤其是在人流、物流、信息流、商流高度发达的地区，如阿联酋。博览会出海不仅是一种有效的推广方式，还能带动企业随会出海，开拓国际市场。

第五，全渠道服务商出海。B2B、B2C 物流服务，包括清关服务、2B 仓储服务、国际物流服务、2C 配送服务、信息服务、合规能力服务、风控服务、供应链规划服务、路径优化服务等。全渠道服务商出海，伴随着中国企业“走出去”，既可以赢得利润，又可以帮助制造业企业降低风险，实现多方多赢。目前，海外仓集团已在 76 个国家建立了 103 个海外仓。然而，信息不对称导致需求与供给之间难以有效匹配。未来，行业协会需搭建平台，促进信息流通。

第六，品牌出海。前几年，大型家电品牌通过 OEM（Original Equipment Manufacturer，代工生产）合作或在海外建厂的方式成功出海。比如，海尔在美国设立了工厂，福耀玻璃也在美国建立了 4 个工厂，相关故事还被拍成纪录片《美国工厂》，由奥巴马和希拉里担任投资人和制片人，讲述了福耀玻璃董事长曹德旺的故事。近年来，手机品牌如小米、OPPO、VIVO 的出海策略成为主流，特别是在发展中国家，如印度，对当地市场产生了深远影响。目前，印度已成为世界排名第二的手机生产国，中国品牌一度占据印度市场 60% 以上的份额，即便苹果公司将生产线转移至印度之后，中国手机品牌在印度仍保持着 40% 以上的市场份额。

未来，新兴智能品牌，包括智能家电、消费机器人、人工智能物联网等，有望跟随企业的国际化步伐出海。目前，许多企业正在积极研发人形机器人，虽然日本在家用机器人的生产领域保持着领先地位，中国却在这一领域的进口量上占据首位。不过中国正逐渐从纯进口国转变为生产国和研发国，中国智能品牌有望在全球市场上形成自己的竞争优势。

第七，平台出海。包括跨境电商、互联网平台、头部企业等。目前，已有 160 个城市被确定为跨境电商的试点城市，传统的跨境电商模式主要是将国际供应商的商品引入国内市场。然而，现在出现了一种新趋势——反向出海，即由互联网平台和头部企业带动中企向海外市场扩张。以美国市场为例，拼多多作为一家中国电商平台虽然在 2023 年才开始进入美国市场，但在美国苹果应用商店的下载排行榜上迅速占据了首位；排在第二位的是 TikTok，这个平台吸引了 700 万名创业者，他们通过创造内容和网上销售来谋生；排在第三位的是 SHEIN，是一家生产时尚服装的品牌。

第八，端到端的供应链出海。这种模式通过优化整个产业链和供应链，实现从消费端到需求端的紧密连接。以 SHEIN 为例，它在全球跨境电商平台中排名第五，专注于服装销售，并以惊人的速度每天推出 4 000 款新产品。在美国市场，一旦发现潜在的爆款，SHEIN 会马上委托工厂生产 100 件进行试销，这一过程不会超过 7 天。如果试销结果显示产品确实受到市场欢迎，SHEIN 便会迅速扩大生产规模，从 10 万件到 100 万件不等。公司总部设在广州，每天从国内向国际市场运送 2 000 万件服装，中国 1/4 的出口服装厂成为 SHEIN 的供应商。SHEIN 的运营模式体现了供给侧和需求侧的全链条、全环节整合，采用反向定制和小单快反的生产方式，实现了端到端的供应链出海。

第九，定向制造出海。最典型的案例是传音手机，它被誉为非洲的手机之王。传音手机在国内虽无市场，但在非洲成为最大的手机制造商，2023 年销售额达到 600 亿元，年销售量 9 440 万部，接近 1 亿部。该手机配备 1 亿像素的超广角镜头，五边不规则形陶瓷盖板，多颗内设的闪光灯珠，以及专为黑人设计的美颜功能。这一功能不是简单将黑人肤色变白，而是能够在黑色的背景下，实现黑人和黑色的清晰区分，同时保留黑人的美丽特质，因此传音手机不仅在非洲市场上赢得了“非洲之王”的美誉，也成为定向制造出海成功的典范。

第十，优势产业出海。以新能源产业为例，包括电动载人汽车、太阳能电池、锂电池等，已经在墨西哥建立生产基地。尽管特朗普在竞选演说中提到，如果他当选总统，将对中国在墨西哥的工厂加征 100% 的关税，但这是未来的事情，目前尚未成为现实。

此外，在金色十年这一关键时期，企业如果计划出海，必须确保获得政策保障、法律保障、安全保障、资金保障以及技术保障。

在金色十年的背景下，企业出海大有可为。我们需要建立安全保障机制，智慧地设计和选择出海策略，着眼于长周期、全链条、国际国内双循环的新发展格局。通过这样的努力，企业“走出去”一定能够走进去、走上去，还能回得来。

演讲人：陈文玲（中国国际经济交流中心总经济师）

扫码观看　演讲视频

3.2 企业“走出去”发展的国际财税规划实务

摘要：BEPS行动计划对中国企业的海外经营行为提出了更高的税务合规要求，以往企业所采取的粗放型经营模式，在未来将面临非常大的风险。因此，“走出去”企业应根据跨境经营场景做好海外架构设计，并重点关注税务筹划、风险控制、投后管理、资金融通、供应链优化和退出机制等因素。

自中国加入WTO以来，中国企业“走出去”经历了20多年的快速发展。然而，经过这20多年的发展，国际政治和经济形势都发生了非常大的变化。尽管现在“走出去”的企业越来越多，但它们所面临的风险也越来越大，尤其是海外资产的安全风险、经营风险以及税务风险。这些风险的存在要求企业必须从整体上考虑如何进行企业架构总体的税务规划和财产保护规划。

从整个经济形势来讲，对企业影响最大的是2013年由经济合作与发展组织（Organization for Economic Co-operation and Development，OECD）提出的国际税收改革——“打击税基侵蚀和利润转移”（Base Erosion and Profit Shifting，BEPS）行动计划。该计划对中国企业的海外经营行为提出了更高的税务合规要求。以往企业所采取的粗放型经营模式，在未来将面临非常大的风险。

BEPS行动计划共包含15项具体的措施。在海外发展时，企业自然希望实现利润最大化，同时保持成本最优，其中包括税务成本最优。那么，企业如何在国际经营中实现税务成本最优呢？一种常见的做法是通过定价转移、转移支付等手段把企

BEPS行动计划发布

G20于2013年9月发布圣彼得堡峰会公报，决定实施国际税收改革BEPS行动计划，并委托OECD牵头推进该项工作。BEPS项目的15项行动计划成果报告于2015年10月正式发布，2017年6月7日，67个国家和地区的政府代表共同签署了BEPS公约

1. 应对数字经济的税收挑战
2. 消除混合错配带来的影响
3. 制定有效受控外国公司规则
4. 限制通过利息扣除和其他财务支出侵蚀税基
5. 考虑透明度和实质性因素，有效打击有害税收实践
6. 防止税收协定优惠的不当授予
7. 防止人为规避构成常设机构
8～10. 无形资产转让定价指引
11. 衡量和监控BEPS
12. 强制披露规则
13. 转让定价同期资料和国别报告
14. 建立更为有效的争议解决机制
15. 制定用于修订双边税收协定的多边协议

业利润从高税率国家转移到低税率国家。这种做法客观上减少了高税率国家的税收收入，而低税率国家由于税务成本很低，吸引大量资本流入，导致很多国家的税源流失，从而在国际经营中造成了不公平现象。为了解决这一问题，OECD 牵头发起了 BEPS 行动计划。

这个计划推出之后，很多具体措施正一步步地展开。然而，很多企业尚未充分认识到这些变化所带来的影响。今天，我们希望通过这次交流，让大家更加了解 BEPS 行动计划中的 15 项措施以及它们可能带来的风险和挑战。

比如，2015 年，中国加入统一报告标准（Common Reporting Standard，CRS），CRS 是 BEPS 行动计划的重要组成部分。有人称，这将使中国公民的海外资产变得透明，因为中国公民的全球账户信息将会交到中国税务机关。随着 2023 年年底金税四期的正式上线，中国的税务系统将更加完善，这引发了一个问题：未来，我们所有的海外收入和资产是否会被完全暴露出来？过去，一些企业家可能没有为海外利润缴税，现在他们可能面临更大的风险。CRS 政策正是 BEPS 行动计划的一部分，旨在提高税收透明度。

此外，许多企业在进行国际投资时，会在海外设立架构，并通过定价转移策略将利润转移到海外。贸易出海是企业出海的一种重要形式，很多国际贸易公司会设立离岸平台来转移利润。然而，这些离岸平台实际上是一个空壳公司，缺乏经济实质。将来，这些公司可能会面临反避税法规带来的税务挑战，这也是 BEPS 行动计划中一个重要的方面。因此，对于这 15 项行动计划，我们需要对每项内容进行深入研究。在企业国际化的过程中，这些行动计划的内容应引起我们的高度重视。

在国际经营中，企业往往会采用 BVI（英属维尔京群岛）、开曼、中国香港、新加坡等地作为中间层的战略结构。过去，人们普遍认为只要将公司注册在 BVI 和开曼，就可以享受免税政策，但这种做法现在已经完全行不通了。2018 年，《个人所得税法》修订，依据第 8 条规定，如果中国居民个人在境外低税率国家和地区设立的特殊目的公司没有商业目的，且不进行分红或减少分红，税务机关有权进行纳税调整。这一规定主要是针对个人所得税部分。目前，许多企业在海外上市时会采用 BVI 结构，通过控制开曼公司、香港公司以及在国内设立的外商独资企业（Wholly Foreign Owned Enterprise，WFOE）来实现这一目标。如果开曼公司作为上市主体在海外上市，其分红到 BVI 时，只要 BVI 公司不分红到个人名下，就完全不需要缴税，因为可以享受税务递延。然而，新的个税法已经堵住了这个漏洞。如果开曼上市公司发布公告，宣布大股东减持股份，但未缴纳相应的个人所得税，且 BVI 只是一个空壳公司，那么该股东极有可能会面临税务机关的个税纳税调整。如果一家公司不是用于持股和控股，而是从事一些贸易活动，那么该公司就要满足《经济实质法案》的要求。BVI 和开曼率先颁布了《经济实质法案》，要求在当地登记的相关实体如果从事相关活动，必须满足经济实质的要求。

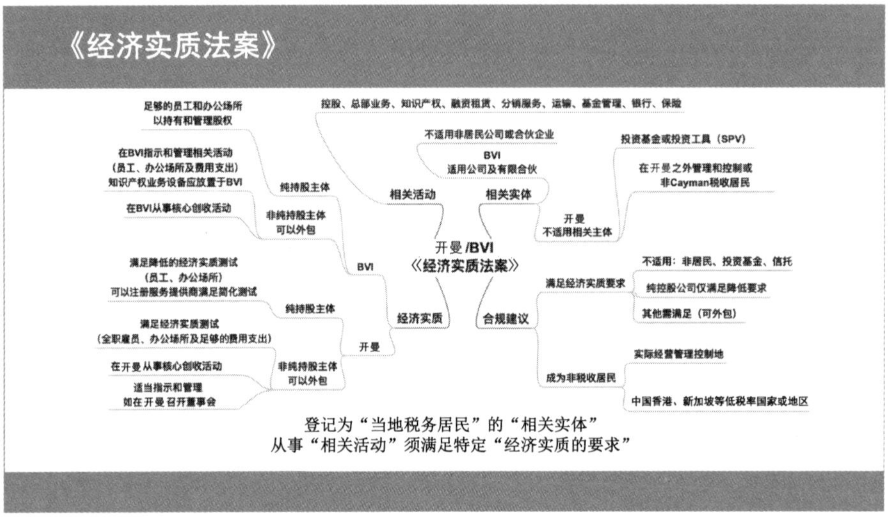

自2013年BEPS行动计划推出以来，国家税务总局每年都会举办一次评选大会，评选出年度十件大事，并由国际税务司进行点评。原国家税务总局国际税务司司长廖体忠曾明确表示，BEPS行动计划的发布不仅标志着国际税务信息透明化的进程不断加快，而且这一趋势势不可当，未来在国际税务领域，各国政府之间的反避税协作势必得到加强。所以，从BEPS行动计划到CRS，再到各国间的税务协作，未来的工作进程已经非常明确。因此，尽管越来越多的企业开始“走出去”，但我们必须深入了解税务合规的要求，以及对企业架构和海外经营的相关要求，以降低企业的合规风险。

从我们的视角出发，我们认为税务信息透明化主要包括以下五个模块。

1.《海外账户税收合规法案》（*Foreign Account Tax Compliance Act*，FATCA）：该法案要求全球各国与美国签署协议，规定各国金融机构向美国政府报告美国税务居民在海外金融机构开设的银行账户信息。这是一种单向的信息交换机制。所以，许多企业或企业家可能会考虑将海外资产转移到美国，以避免信息被交换回中国，但这存在很多风险。

2. BEPS行动计划：BEPS代表全球税务行动协作的大框架，其中对企业家和企业税赋影响最大的实际上是AEOI。

3. 自动信息交换（Automatic Exchange of Information，AEOI）：指的是当各国金融机构识别出非居民金融账户时，需要向该非居民的税务管辖政府报告信息。AEOI包含两个板块：CRS和CAA（Competent Authority Agreement，主管当局协议）。CRS规定了报告的标准，而CAA是两国间信息交换需要预先签署的协议。AEOI是在BEPS行动计划下实施的，而BEPS行动计划最初是受到FATCA的启发。通过这三个体系，全球金融账户信息得以联网。所谓“打蛇打七寸”，无论企业的经营活动如何，税务机关始终关注的是账户中的资金流动和资产余额，这些信息能够揭示企业的经济活动和个人的海外资产状况。通过交换这些资产信息，各国能够更有效地进行反避税协作，这种协作的力度非常大且非常务实。

4. 金融行动特别工作组（Financial Action Task Force，FATF）：该国际组织致力于推动金融机构执行反洗钱合规调查。目前，金融机构对开户背景的审查越来越细致和严格。在此需要提醒那些在海外有商业活动的人士，必须格外注意海外账户与其他账户之间的资金往来。即使企业本身的经营是合规的，如果与有问题的账户发生资金往来，也可能导致自己的账户被关闭或调查，这些都是反洗钱措施带来的风险。

5. 按需信息交换（Exchange of Information on Request，EOIR）：这是政府间税务信息交换的机制，对企业运营也有显著影响。

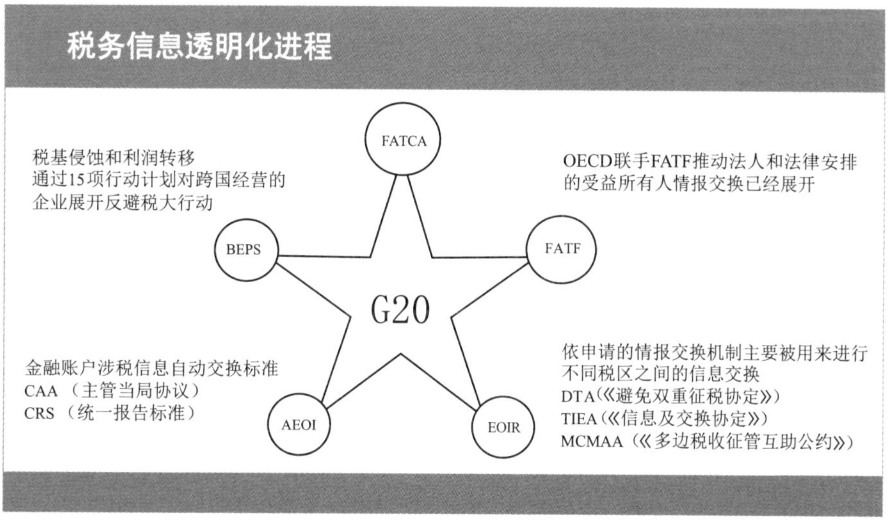

因此，在进行企业规划时，我们必须考虑如何兼顾母国和各业务国之间的合规要求，在国际形势的不确定性中找到适合企业跨境发展的确定性，以及如何利用稳健的企业架构和经营行为使海外经营的风险得到更好的控制。其中最重要的一点就是，如何设计海外架构。通过海外架构的搭建，实现商品、人员、资本、技术、数据的流通性。这五个方向的流通也是目前中国企业国际化进程中极为重要的组成部分。因此，我们设计了五大跨境经营场景。那么针对不同企业的商业行为，我们应该如何搭建相应的企业架构？这个架构旨在解决什么样的问题？这都是值得我们去深入研究的。

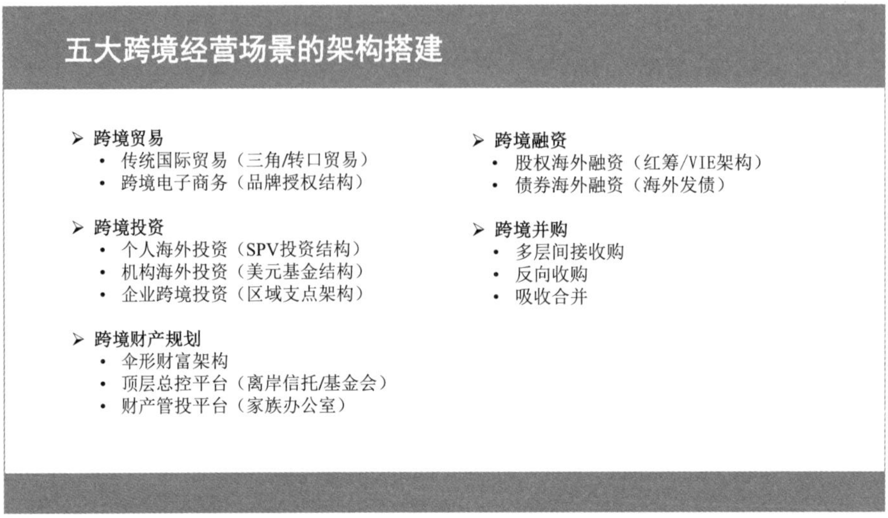

以下通过几个案例，我将与大家分享在构建企业架构时的考虑因素。首先，我们要考虑税务功能，但税务规划不仅关乎税务，财税规划中“财”也同样重要，包括财产安全和经营安全。其次，我们还要考虑风险控制。此外，我们也要考虑海外投资之后的投后管理，以及海外资金的融通和供应链的优化。最后，退出机制的设计也是不可忽视的一环。只有通过这一系列考虑，我们才能搭建起一个比较完美的企业架构。

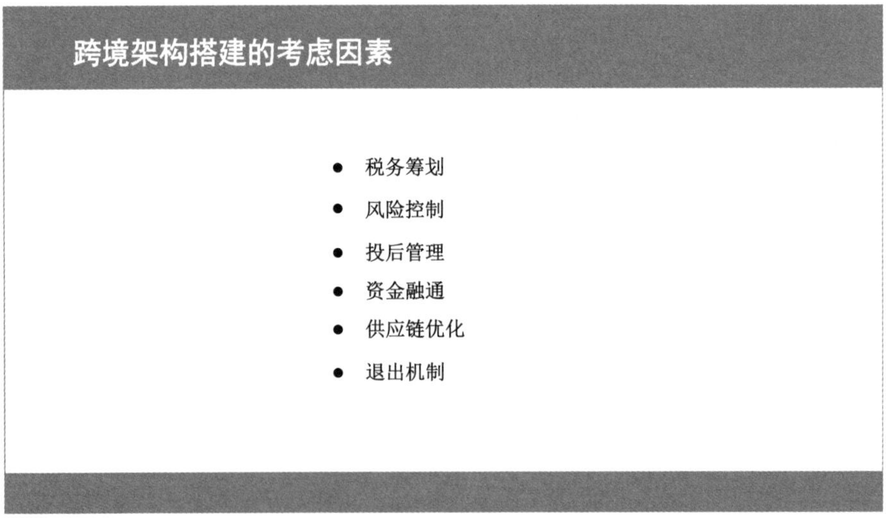

很多企业在海外投资，最早通常是在海外项目所在国直接投资。然而，现在更合理的方式是通过 ODI（Overseas Direct Investment，境外直接投资）先在海外搭建一个控股平台公司，即所谓的离岸控股公司，然后通过这个离岸控股公司在海外设立项目公司。如果需要融资，企业可以利用离岸控股公司来实现融资和募资的功能，然后再将资金投到实际的项目所在地。这样做的好处是，通过多层次的架构，企业可以利用架构与架构之间的优势。比如，可以考察两个国家之间是否存在税务情报交换协议，是否有避免双重征税的措施，然后利用各方政策的优势来实现税务筹划、风险管理以及外汇管理。此外，企业也可以在境外搭建一个融资平台，一旦海外出现风险，企业可以通过架构的退出机制来实现灵活地退出。

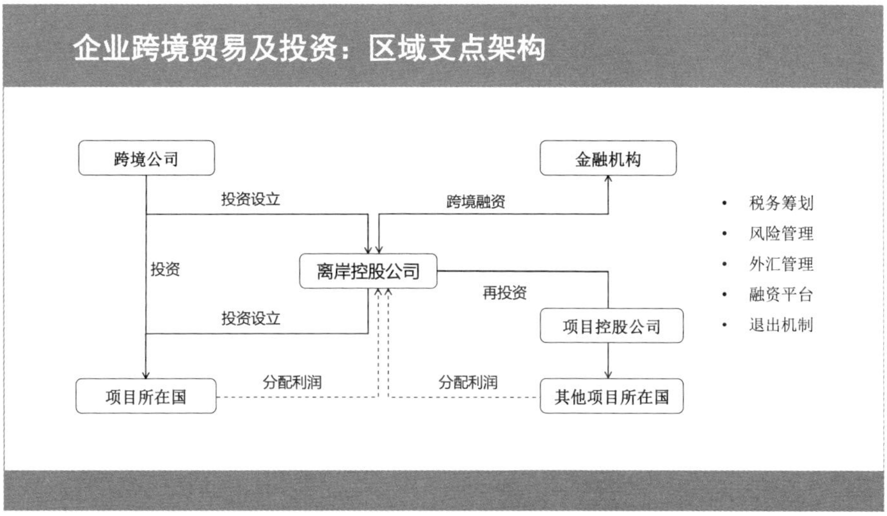

例如，中国企业若计划在美国投资，应如何操作？如果直接投资美国，根据中国和美国之间的“避免双重征税协定”，从美国获得的分红需要缴纳 10% 的预提税。有些人可能会选择通过在开曼设立的公司进行投资，在他们看来在开曼作为一家离岸公司可以完全免税，但实际情况并非如此。由于开曼与美国之间没有避免双重征税的协定，因此如果美国的利润汇到开曼，反而可能要缴纳 30% 的股息税。一个更为优化的架构是：首先投资到中国香港，然后从中国香港投资到荷兰，再由荷兰投资到美国。由于美国与荷兰之间有税收协定，预提税税率只要 5%；同时，从荷兰到中国香港以及从中国香港到内地的收益转移无须缴税，这样综合的税率可能低至 5%。但是，在 BEPS 行动计划

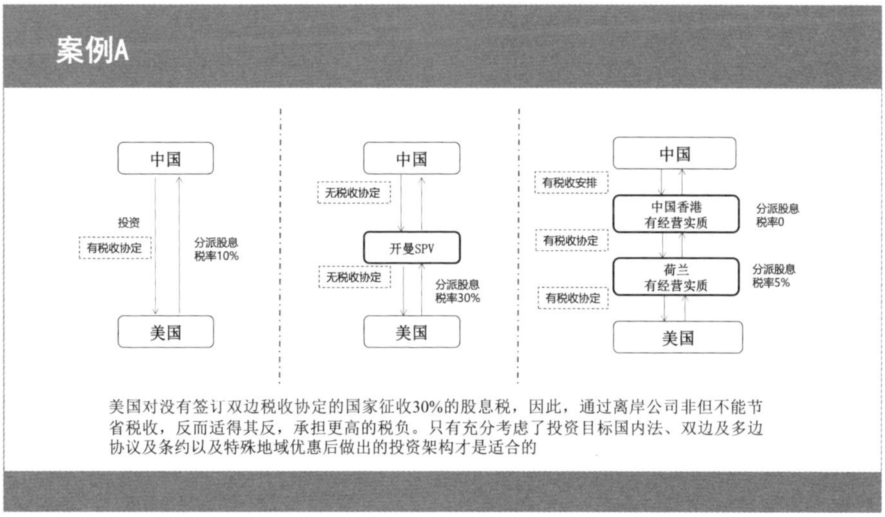

实施之后，这种架构面临更多挑战。例如，荷兰公司和中国香港公司有没有经济实质？它们是否可以支撑在美国的业务发展？这些都是非常重要的问题。所以，现在仅建立一个架构是不够的，围绕着这个架构，企业需要进行更多的合规考量，论证投入与产出比，这也是整个投资决策过程中至关重要的一环。

再如，一个中国客户计划与一家日本公司在印度尼西亚共同投资一个项目。最早的做法是，中国A公司和日本B公司合资成立一个C公司在印度尼西亚进行项目投资。如果日本B公司直接投资C公司，这并没有问题，但是B公司首先在新加坡设立了一个公司，并通过这个新加坡公司与A公司合资，在印度尼西亚成立了一家合资公司。当B公司考虑退出投资，并将股份转让给D公司时，问题出现了：B公司是否还需要经过A公司的同意呢？实际上并不需要。B公司可以直接在新加坡公司层面上完成股份退出，但这样的退出安排对于A公司来讲非常被动。正确的做法是A公司和B公司应该考虑在新加坡设立一个合资控股公司，这样会令A公司在B公司退出时拥有一定的发言权、控制权，或者起到一定的牵制作用。

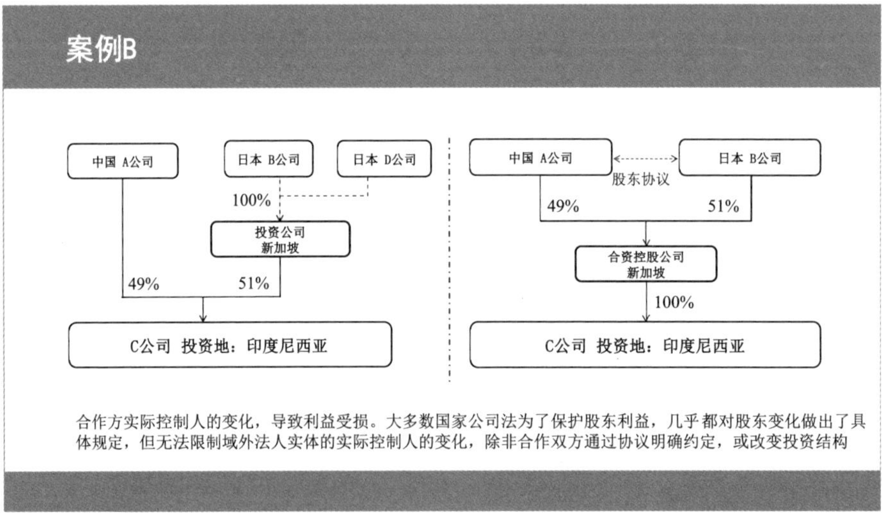

有一家跨境电商企业A公司计划与合作方B公司在印度尼西亚共同投资一个项目，A公司要考虑以下几个方面的问题：如何平衡控制权与收益权、融资与再投资，以及区域市场集中运营管理的风险管控。B公司希望获得更多的控制权，即使收益权较少也可以，可以接受A公司作为大股东。对于A公司来说，如何平衡B公司在收益和控制权方面的需求呢？通过与客户的深入沟通，我们设计了以下架构：A公司首先在新加坡设立一家子公司，该子公司作为A公司在东南亚区域的总部，然后通过新加坡子公司与B公司合资在中国香港设立一家公司。这是因为中国香港与印度尼西亚之间有避免双重征税的协定，如果中国香港公司在印度尼西亚的股权超过了25%，那么印度尼西亚对股息征收的预扣税将不得高于 5%。我们可以用中国香港公司与 A 公司在印度尼西亚设立合资公司，并将 B 公司的合资结构纳入中国香港合资企业中。在这个架构中，B 公司实际的收益权是 40% × 70%，即 28%。虽然 B 公司的收益权较少，但是它掌握了合资公司 70% 的控股权，而合资公司又掌握了印度尼西亚公司超 33% 的股份，这样就为 B 公司提供了更多的投票权。

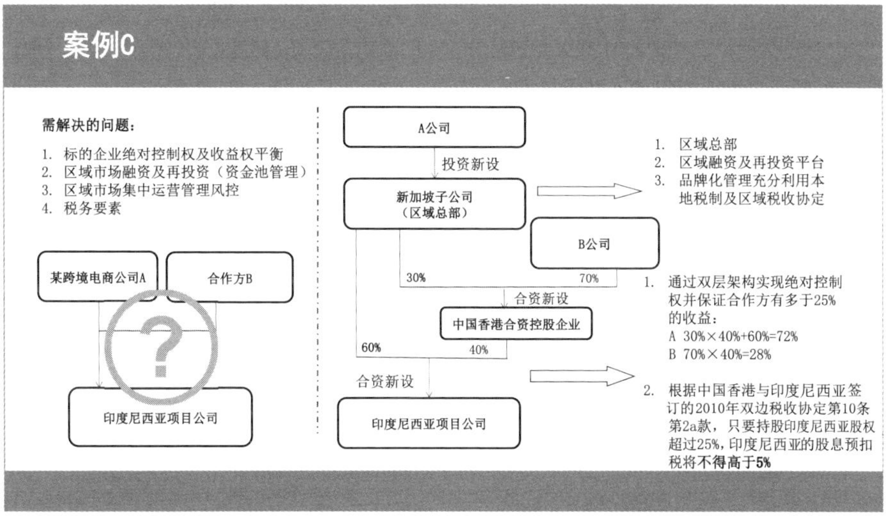

我们国内的上市公司安克创新是一家跨境电商企业，其运营模式与众不同。通常企业是以外控内，而安克创新则是以内控外，即利用国内公司在海外搭建了一个出海的平台架构，并设立了多个层级。安克创新在国内拥有采购和研发主体，其第一层架构设在开曼，通过开曼进一步投资中国香港，而中国香港公司在全球各国设立了不同职能的经营主体。

在这个架构中，有几个关键点需要关注。

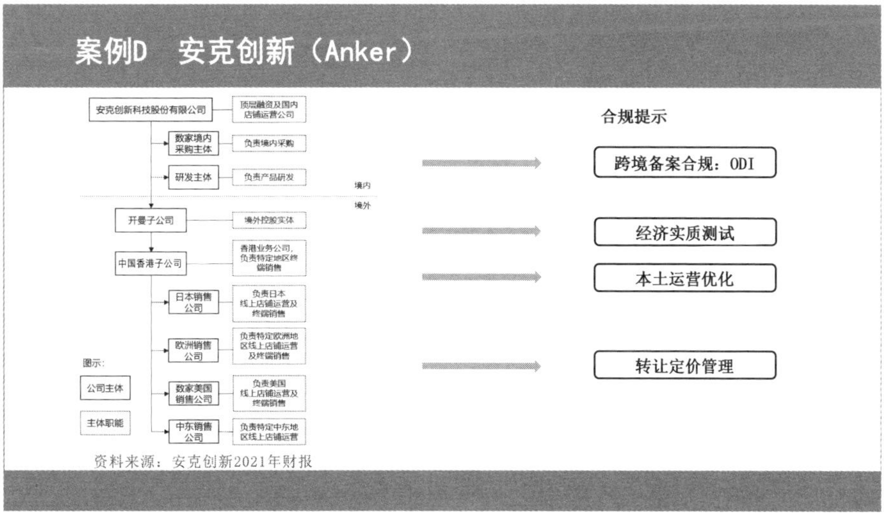

第一，必须进行合规的 ODI 备案。一些企业在海外设立公司时，往往由自然人设立，而没有进行任何的 ODI 备案，即使是以企业名义对外投资设立，也仅是作为境外公司的股东，而忽略了 ODI 备案。需要注意的是，必须进行国内的投资审批，这是最合规的做法。

第二，开曼公司需要进行经济实质测试。现在很多公司忽略了在海外进行经济实质测试，这也是税务合规方面的漏洞。

第三，中国香港公司承担了部分利润资金池的功能，因此必须本土化经营，满足香港的经济实质要求。所有香港贸易平台必须在境外搭建经济实质结构，来实现本土化运营。

第四，中国香港公司与海外公司之间存在大量关联交易，转让定价管理尤为重要，需要特别关注。

当企业在海外进行财税规划时，需要注意法商税架构搭建的合规流程，一般通过以下五个步骤帮助客户实现：第一，梳理企业股权结构；第二，对整个项目做尽职调查分析；第三，与企业共同讨论如何设计顶层架构和企业经营层面的合规方案；第四，协助客户执行合规方案；第五，根据政策变化和企业变化，每年进行定期调整。通过这五个步骤的工作，帮助企业尽量降低企业海外合规风险，助力企业更好地出海。

跨境架构法商税合规流程

第一步：企业股权梳理
了解集团企业整体股权架构，梳理各个公司的资产情况、职能分工等，从法律、 税务、架构等方面分析企业整体架构的风险问题

第二步：尽职调查分析
了解主要公司内部的财务状况、内控流程、人员配置、历史沿革等情况；诊断公司存在的业务、财务、税务等问题及风险点

第三步：顶层架构及合规方案设计
按照集团公司业务现状及未来发展规划设计顶层架构方案，明确每个业务公司的相关职能及所需资质。在顶层架构的基础上，基于法律以及税务的合规要求，从关联交易、转让定价、资金流转等多个企业经营的维度考虑，设计法律及税务合规方案

第四步：合规方案落地执行
根据上述的合规方案提供落地执行服务，如架构重组、架构规划中实体注册及维护、银行账户设立、财务核算、数据分析体系搭建、出具相关法律协议或法律意见……

第五步：日常维护与咨询
高效运营的基础：企业常年法律顾问，集团架构年度维护，日常财税管理咨询，通过合规的法律税务制度与流程保障企业财产安全以及高效运营

演讲人：巩恩光（汇智集团创始合伙人兼首席执行官）

扫码观看　演讲视频

3.3　企业在境外投资中积极应对外汇风险的思考

摘要：企业在境外投资时不可避免地会面临币种转换的交易风险、年度会计报表的外币资产折算风险、本币贬值带来的经营风险、因国家强制力而终止外汇交易的风险、外汇管制风险这五种外汇风险。对此，建议“走出去”企业主动做好应对外汇风险的准备工作，依法合规用好用足相关国家的外汇管理制度，在境外投资活动中可采取一币计价的封闭循环的方法，也可以量力使用管理外汇风险的金融衍生工具等方法积极应对外汇风险。

中国企业在境外投资时不可避免地会面临外汇风险。从央行的基准利率来看，中国经济周期和美国经济周期的走势并不相同。中国利率一旦下行，通常表示中国经济进入高质量转型的调整期，而美国经济的加息则是为了抑制通货膨胀，这是其前期政策的结果。我国提出的“双循环”发展战略，在经历了高速发展后，正向“一带一路”倡议下的高质量“走出去”发展迈进。通过外部循环和国内循环相结合，形成一个新的双循环发展格局。目前，使用人民币进行对外投资，我们拥有一定的比较优势。历史上，其他发达国家在“走出去”的高峰期，也处于利率相对最低、货币政策较为宽松的时期，日本和美国就是典型的例子。这说明外汇风险的存在是必然的。

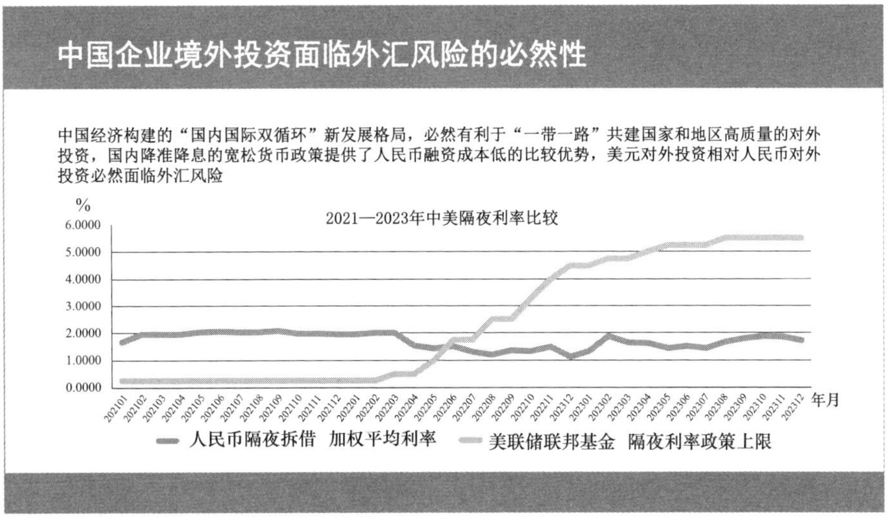

外汇风险主要可以归纳为五个方面，企业在境外投资、贸易和经营中常常要面临这些风险。这是因为不同货币之间的转换自然会带来外汇风险，这是躲不过去的，也是长期存在的。只要我们在海外经营，就始终会面临这个问题。这涉及金融专业知识，需要通过金融咨询来预测风险，并制定专门的管控方案。汇率变化的影响复杂，任何微小的国际事件都可能导致汇率大幅波动，从而带来风险。固定汇率下就不会有汇率风险，但自《牙买加协定》以来，全球实行的是浮动汇率制度，这增加了汇率的复杂性和突发性。例如，日本央行近期的加息决定，是其“失去的 30 年”里首次加息，对国际外汇市场产生了连锁反应。

企业境外投资经营常见的五大外汇风险

外汇风险的五大特性：经常性、长期性、专业性、复杂性、突发性

一、币种转换的交易风险
“人民币—美元—东道国货币—美元—人民币”在不同时点的汇率风险

二、年度会计报表的外币资产折算风险
会计期末将外币资产、负债、利润等折算为本币合并报表时遇到一次性外汇风险，每个会计年度一次

三、本币贬值带来的经营风险
在一定时期会产生连续性的外汇风险

四、因国家强制力而终止外汇交易的国家风险
虽然遇到的可能性较低，但应重视当前美西方金融制裁、也门和利比亚、俄乌冲突等战争带来的外汇风险

五、国家强行实施外汇管制的风险
这个风险在局部可能显著增大

中国企业“走出去”时，主要面临以下五种风险。

第一，币种转换的交易风险。企业海外投资时，先用人民币购买美元，到达目的国家后按照当地规定需把美元兑换成当地货币，等到投资利润汇回国内时，需再次把当地货币换成美元，然后再把美元兑换成人民币在国内结汇，这中间始终绕不开汇率风险。

第二，年度会计报表的外币资产折算风险。有些“走出去”的公司是跨国公司，跨国公司需编制年度会计报表，并每年与母公司并表。这就要求必须将外币报表折算成人民币，如果母公司不在中国，那么就要折合成母公司所在国的货币，这是每年必须面对的折算风险。

第三，本币贬值带来的经营风险。本币贬值可能带来阶段性的汇率风险。比如，美国加息导致美元持续走强、美元升值，而人民币和其他货币相对贬值，并且此种趋势一般会持续一段时间，这就需要企业进行阶段性的风险评估和连续的风险管理。

第四，因国家强制力而终止外汇交易的国家风险。当前世界面临百年未有之大变局，非经济因素的风险增多，一些国家可能会实施制裁，引发汇率的大幅动荡，甚至管制。

第五，外汇管制的风险。一些国家由于外汇短缺而实行外汇管制。比如，我在新疆担任行长期间，曾代表新疆企业到中亚追讨债务，目的是将我们的贸易货款收回。然而，对方表示他们没有美元，我提出以人民币结算，但他们同样以没有人民币为由拒绝。他们表示只能提供当地货币，但这种货币没人要，因为可能在一夜之间就大幅贬值。这种情况凸显了我们在国际交易中必须面对的外汇管制风险。

外汇管制在“一带一路”共建国家比较常见，因为这些国家外汇严重短缺。比如，在塔吉克斯坦，紫金矿业在当地投资开发金矿，但当地央行出了一个规定，要求黄金产品在进行出国贸易前必须由央行优先收购，且以当地货币支付，而不是美元，理由是当地美元短缺，但黄金必须作为外汇储备。这导致企业持有大量无法兑换的本地货币，面临着巨大问题。因此，我们需要研判如何在脱离美元的情况下，实现当地货币与人民币兑换的直接汇率机制。

在“一带一路”共建国家，类似的外汇收支问题比较普遍，这与我国在改革开放初期和改革开放前的情况类似，主要原因在于外汇短缺。同时，一些国家对资本输出也有管制，目的是吸引更多外资流入、减少资本输出，因为缺乏充足的外汇储备可能会引发汇率动荡。最近埃及汇率的动荡就是一个突发的“黑天鹅”事件，可能会导致一定程度的管制。在一定情况下，国家会介入并实行特殊政策，这些都是企业在海外可能面临的非市场化外汇风险。

外汇管制是国家手中的工具，是企业的重大风险

一、外汇收支管制引发的风险

许多“一带一路”共建国家都实行经常项目外汇收支管制，重点关注印度、缅甸、斯里兰卡、塔吉克斯坦、巴西、哥伦比亚、伊拉克、阿富汗、摩洛哥、乍得、塞拉利昂等

二、对资本输出入管制引发的风险

有许多“一带一路”共建国家没有实现资本项目可自由兑换，重点关注阿尔及利亚、安哥拉、亚美尼亚、巴西、巴哈马、巴巴多斯、白俄罗斯、喀麦隆、古巴、埃塞俄比亚、加纳、印度、伊朗、利比亚、摩洛哥、缅甸、莫桑比克、纳米比亚、尼泊尔、尼日利亚、朝鲜、俄罗斯、萨摩亚、南非、苏丹、突尼斯、乌克兰、塔吉克斯坦、乌兹别克斯坦、委内瑞拉、津巴布韦等

三、国家汇率管制引发的风险

是指对汇率的形成机制进行调控和干预带来的风险

“一带一路”共建国家外汇管制情况请登录国家外汇管理局网站查询发布的概览报告。必须在“走出去”投资前研究清楚有关风险，境外已经投资的请教大使馆经济参赞或开户行指导防范方案

我曾在中国人民银行货币政策二司工作，主要负责推动人民币国际化。结合我的工作经验，我想分享几点思考与建议。

第一，防范外汇风险力争做到一币计价的封闭循环。如果使用单一货币计价，不涉及货币兑换，汇率风险就会大幅降低。中国企业“走出去”，在境外投资时，如果能够

采用跨境人民币投资和融资，并与国内经济的大循环相连接，就能形成一个跨境闭环设计。通过人民币的跨境闭环，实现生产链和供应链的跨境闭环，这样境外投资就可以使用人民币。境外项目所需的设备尽可能用人民币在中国采购，这样人民币就可以通过采购设备的资金回流国内。同样，如果境外生产的产品能与国内市场形成贸易联系，在国内可以用人民币购买这些产品，再次将投资回收，形成一个闭环，这样可使风险降到最低。

在“一带一路”沿线，特别是一些周边国家，如果我们能以人民币与当地货币直接结算，脱离美元，最大限度地实现境外生产与国内生产的双循环，就可以在所形成的跨境闭环中规避外汇交易风险。由于存在在岸贸易往来的现金流，企业所需的流动资金可以在境内融资。境外融资对于“走出去”企业来说很不容易，这是因为境外利率较高，且企业刚开始在境外投资，在当地积累信用较为困难。为了支持“走出去”企业，我国出台了《境外项目人民币贷款管理办法》，鼓励企业利用人民币进行对外投资。企业可以通过利用人民币采购国内设备和出口产品至中国所获得的人民币现金流，申请人民币贷款或发行债券，用于支持境外项目的开展。企业通常习惯采用美元融资，但美元融资有可能面临币种转化带来的交易风险。

目前，人民币利率处于较低水平，这是支持企业“走出去”的最佳时期。通过这种方式，不仅可以解决投资风险问题，也可以解决境外融资难、授信难、应收账款兑现难及多货币风险管控难等问题。从我的实证研究来看，人民币相对于“一带一路”共建国家的货币属于硬货币，折算成东道国本地货币时，有溢价浮盈，没有折算风险。

思考与建议之一：一币计价的跨境人民币投融资闭环设计

一、境外项目投资完全可以使用自有人民币资金或采用人民币贷款融资，即**主要生产要素国内采购、境外生产、产成品向国内销售完全可以人民币一币计价**，在境外生产循环与国内经济大循环结合所形成的跨境闭链循环中规避外汇交易风险

二、中国人民银行已发布**《境外项目人民币贷款管理办法》**，支持企业凭人民币采购境内设备等人民币现金流和出口产品到中国的人民币货款现金流，申请人民币贷款或发债开展境外项目。不仅可以获得较优的利率条件，也是破解当地银行融资难、全球授信难、应收账款贴现难、多货币融资风险的“瓶颈”或困境的最优选择

三、**人民币**相对“一带一路”共建国家货币是硬货币，**折算**为东道国本地货币，对接它们的法规制度统计交税等都有**溢价浮盈**，这样就没有会计年度合并报表时的会计风险或折算风险

第二，面对东道国的外汇管制，我们必须依法合规地利用好相关国家的外汇管理制度。在投资设计和实施的过程中，根据东道国的要求，企业常常需要将投资的

外汇结转成当地货币使用。实行外汇管制的国家通常是外汇短缺国，它们欢迎外资以当地货币形式投入，但是兑换出来就比较困难。因此，建议将投资中需要本地采购的部分，通过本地结汇来实现本地采购。对于需要从中国采购的部分，无论是设备还是原料，建议以实物投资或技术投资的形式进行，避免因外汇管制导致无法兑换，从而产生麻烦。

思考与建议之二：依法、合规运用相关国家外管政策

一、投资设计与实施过程中

一是建议在东道国使用的部分投资汇入结汇本币使用，其余投资以境外采购设备和原料入境投资；二是投资项目的国际贸易收支与境外融资抵押相结合，差额外汇入境结汇交税等入账；三是投资及利润以股东本地采购收回

二、已经在境外投资的企业或项目

寻求驻外使馆经济参赞指导和开户银行辅导，与东道国外汇管理部门充分沟通外汇管制政策要求，明确投资资本进出和贸易外汇收付等管制的具体规定，测算外汇管制风险大小，制定应对其外汇短缺而管制风险的防范方案

此外，投资项目产生的贸易产品及贸易收支尽量与境外融资抵押相结合。举个例子，如果投资项目销售到某个国家，并产生一定的现金流，应尽可能使贸易融资与相关贸易相结合，并用此贸易进行抵押，以解决融资难的问题。同时，金融机构提供的贸易融资不仅能支持贸易项目，而且在项目成功时，可以在收回货款的同时收回贸易融资。差额结算后，再在账户上进行缴税。税务问题一定要讲究真实性，否则利润难以回流。

“走出去”的企业要与境外使馆的经济参赞和开户银行充分沟通，必须把当地的外汇管理政策吃透。各国的外汇管制有差异，且政策经常变化。在外国投资时，当地招商引资政策对投资资本的进出和贸易收支方面都有明确规定，企业需要预先把这些政策要求了解清楚。如果盲目生产，政策一旦变化，许多收益可能由于已经变成当地货币，难以回流。每次出国访问，我都会参加当地中资企业座谈会，了解他们所面临的困难和问题。据此，我建议企业要把当地国家的管制政策搞清楚，并由开户银行测算外汇风险，制定相应的管理方案。这里无法提出一个统一方案，因为不同国家的外汇管制需要有针对性的方案，甚至不同时期和不同投资项目都需要有单独的应对策略，以适应政策的变化。

我在新疆工作的时候，跟中亚国家打交道比较多，比如哈萨克斯坦货币坚戈曾出现

思考与建议之二：依法、合规运用相关国家外管政策

三、境外结汇或利润汇回

- 按照真实性原则，“一带一路”共建国家支持境外投资按汇出路径原路汇回国内收回投资，贸易按交易合同跨境收支。否则，不支持。
- 对于无法对应路径收回的财富可以存在NRA账户，建议在国内投资注册企业“走出去”并购这部分财富，创造路径汇回投资收益。如巴基斯坦不许卢比出境但可以兑换成人民币等外币结汇出境汇回利润。

四、要防范国家突发风险

有针对性地规避西方金融制裁，提早研判，规避战争带来的外汇风险。

几次大的汇率动荡，对中方投资产生了不小的影响。为了应对汇率波动风险，我们提出每日平盘出清的方式，将人民币与对方货币进行结算。当日结算完成后，将对方货币卖回给他们国家，因为他们一定会接受自己的主权货币，同时把人民币对价买回来，实现日日清。在结汇时，要坚持真实性原则，确保利润能够回流。现在很多企业“走出去”面临利润回流难的问题，因为资金来源不明确，说不清楚是哪一笔贸易或利润。因此，必须明确资金流向，原路汇回，贸易也要按照合同，原路进行收支。对于无法对应路径的资金，可以通过在中国的银行开设非居民账户（Non-Resident Alien Account，NRA），在国内注册企业，通过合规的 ODI 登记进行境外投资，将这部分资产并购，最后再通过合规路径回来。我曾与巴基斯坦央行行长讨论过这一问题。当我们在当地投资时，如果卢比不能自由汇出，我们可以考虑将利润以人民币形式结汇回流。

此外，还需要注意国家风险，目前金融制裁最为典型。

第三，境外投资必须充分做好外汇风险防范的准备工作。我们要对外汇管制风险早研判、早防范。国家外汇管理局每年都会在其官网发布“一带一路”共建国家外汇管理概览，其中包含这些国家外汇政策的详细资料。大家可以访问该网站，获取相关资料。

企业需要与东道国，尤其是外汇管理部门进行充分沟通，在投资决策前就充分了解它们的政策，特别是涉及资本的汇出入、贸易资金的收付、利润的汇回等方面。了解清楚之后，再决定是否投资，以及如何进行风险防范。在这方面，有几个关键指标需要我们重点关注：（1）外汇储备到底怎么样，这点需要重点研究；（2）外汇管制的历史长短；（3）投资开放度。对于这些指标，我们都需要投入精力进行细致评估。

思考与建议之三：境外投资要补足外汇风险防范的功课

一、对外汇管制风险应早研判、早防范

1. 研究拟投资国家的外管政策：登录国家外汇管理局网站查询“一带一路”共建国家外汇管理概览
2. 要与东道国外汇管理部门充分沟通，也可以作为他们吸引外商投资的招商条件在投资前就明确。比如投资资本跨境进出的便利、跨境融资的外汇资金流动便利、进出口贸易收付汇便利、投资利润汇回便利、东道国汇率机制及有关国家的汇率调控等管制政策
3. 通过研判外汇储备、外管历史、投资开放度等因素来分析投资环境，综合评估外汇管制风险，尽早制定防范方案

此外，有些“走出去”企业投资目的地比较多，这实际上有助于我们主动分散和防范风险。在跨国集团内部，我们可以构建多个以单一币计价的小循环，形成不同的货币链条，除了构建以人民币为主的大币链外，还可以形成各种不同的币链，以便在集团内部和各个币种的小循环中形成对冲机制，这种策略在大型跨国公司中值得考虑。

思考与建议之三：境外投资要补足外汇风险防范的功课

二、主动采取多元化的货币策略

1. 在不同国家或地区开展业务，或者使用不同的货币结算，减少对某一特定货币的依赖，可有效分散外汇风险
2. 在集团公司内部交易中，一是对于硬币债务和应付款应尽量提前支付，而对于软币债务和应付款应尽量推迟支付；二是当预测定值货币将贬值时，应尽快收回债权和应收款，反之亦然；三是通过在同一集团内部进行相互抵消的交易，或者调整资产负债结构，降低外汇敞口风险

第四，我们可以利用外汇衍生产品来锁定汇率，进行市场保值。同时，保险公司也提供专门的汇率保险产品，我们可以考虑购买，以提供额外的保障。

思考与建议之四：管理外汇风险的金融衍生工具值得运用

一、通过金融衍生产品锁定汇率

研判汇率贬升，采用远期合约、外汇期权、即期和远期掉期、货币互换等金融衍生产品，来锁定未来交易的汇率，避免汇率波动的风险

二、通过货币市场的保值

从货币市场借款，创造与有关外币搭配的应收款或应付款，来逆转外币应收款或应付款

三、通过投保货币汇率保险

有些国际保险公司开设了不同货币对应的汇率保险，可以投保锁定汇率

总体来看，“走出去”过程中的外汇风险虽然不可避免，但我们有多种办法可以进行有效管理。

总　　结

中国企业“走出去” 面临外汇风险是必然的，躲不过去

“走出去”投资外汇风险经常遇到、长期存在、影响因素多，需要专业应对

中国企业应对外汇风险的最好办法是一币计价，形成人民币跨境投融资闭环

可以市场化管控的外汇风险多运用外汇衍生产品管理

不能市场化管理的外汇管制风险要在投资前做好预案，投资后因地制宜地进行管控

演讲人：郭建伟（中国人民银行研究员）

扫码观看　演讲视频

3.4　企业境外安全风险减量的优选路径

摘要：面对企业“走出去”仍存在自我认知不足、无法持续开展有效安全风险评估、缺乏升级境外安全风险管理的措施以及现场安全管理敞口等挑战，必须全面落实安全管理主体责任。通过持续推进前置化境外安全风险管理进阶，抓实境外项目安全风险重点场景，重视保险和全球救援综合保障托底作用，加强项目现场党团组织建设等措施来开展企业境外安全风险减量的有效实践。未来还需要通过加强境外安全风险管理创新、加强情报搜集、参与和遵循国际安全合规和标准、加强同业交流和安全风险信息共享、加强与优质服务商合作等方式，不断丰富企业境外安全风险减量的最佳实践。

首先，在百年未有之大变局的国际环境下，我们来探讨企业“走出去”所面临的发展机遇。

第一，国家政策方面：党的二十大指出，要构建全国统一大市场，深化要素市场改革，建设高标准市场体系，充分用好国内国际两个市场两种资源，着力推动高质量发展，不断满足人民群众高品质生活需求。

第二，外部环境机遇：当今世界面临百年未有之大变局，“一带一路”进入了建设新阶段，共建国家经济发展上升潜力巨大，共建国家的城市建设、交通运输、电力能源、石油化工等建设也为企业带来了新的发展机遇。

第三，企业内生动力：以中国天辰工程有限公司（以下简称天辰工程）为例，作为一个老牌的“走出去”企业，有完善的资质、先进的技术能力和海外实践经验。为

在百年未有之大变局的国际环境下看企业“走出去”的发展机遇

1. **国家政策导向：**党的二十大报告提出，要构建全国统一大市场，深化要素市场化改革，建设高标准市场体系，**充分用好国内国际两个市场两种资源**，着力推动高质量发展，不断满足人民群众高品质生活需求
2. **外部环境机遇：**当今世界正面临百年未有之大变局，**“一带一路”**进入建设新阶段，**共建国家经济发展上升潜力巨大**，共建国家的城市建设、交通运输、电力能源、石油化工工程项目等为“走出去”企业带来了难得的市场机遇
3. **企业内生动力：**天辰工程作为老牌“走出去”企业，有完善的资质、先进的技术能力和海外实践经验，要进一步创新发展，就**必须深入参与国际循环**，依托国内优质的技术标准、过程装备和管理能力，在更高水平上扩大海外朋友圈，使国内循环和国际循环相互促进、相得益彰

了进一步创新发展，就必须深入参与国际循环，依托国内优质的技术标准、过程装备和管理能力，在更高的水平上发挥作用，扩大海外朋友圈，使国内循环和国际循环相得益彰。

其次，在世界百年未有之大变局中，企业“走出去”在境外安全风险减量方面也面临相应的挑战。

第一，是否有清晰的自我认知？天辰工程自 1982 年承揽巴基斯坦尿素肥料厂项目以来，先后在阿尔巴尼亚、俄罗斯、加蓬等国承接一批海外工程。2013 年国家“一带一路”政策实施以后，承接的项目体量越来越大，如哈萨克斯坦 IPCI 项目、沙特 SABIC 公司 MTBE 项目、印度尼西亚金祥项目等落地生根，逐步形成公司“扬帆”国际舞台的良好态势。

境外业务拓展的同时，意味着风险和挑战逐步增多。安全风险管理伴随着企业境外业务和项目经营而长期存在，没有出现重大安全风险事故并不等于未来没有发生的可能。

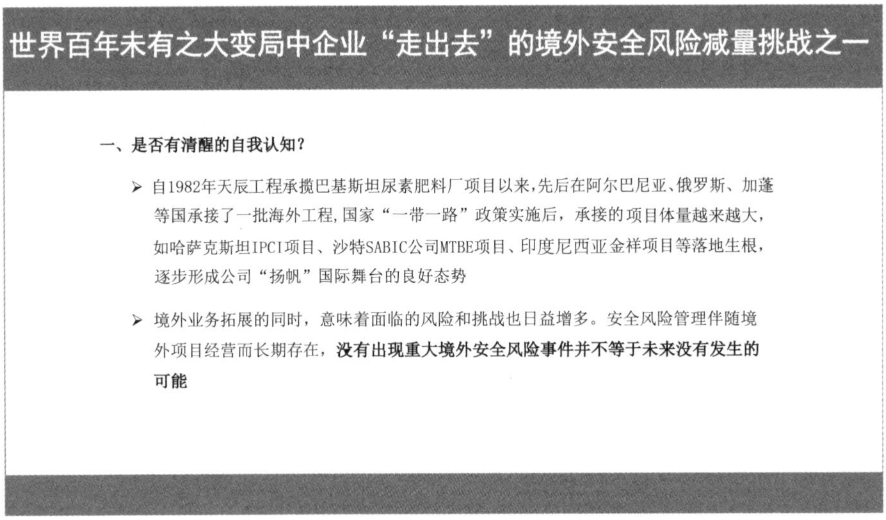

第二，是否能持续开展有效的安全风险评估？要对现有项目国家，包括目标项目国家的社会治安、卫生健康、社区民情、环境破坏和污染、气候及自然灾害等诸多方面持续开展有效的安全风险评估。例如，2022 年 1 月，天辰工程承接的哈萨克斯坦 IPCI 项目遭遇了当地的暴乱。幸运的是，整个项目安保措施比较完备，预案的处置流程也比较清晰，警民协作措施得当，项目部最终没有受到影响。这次经历也为我们提供了宝贵的经验教训，我们希望将这些经验应用到未来的工作中，不断提升企业的安全管理和应急响应能力。

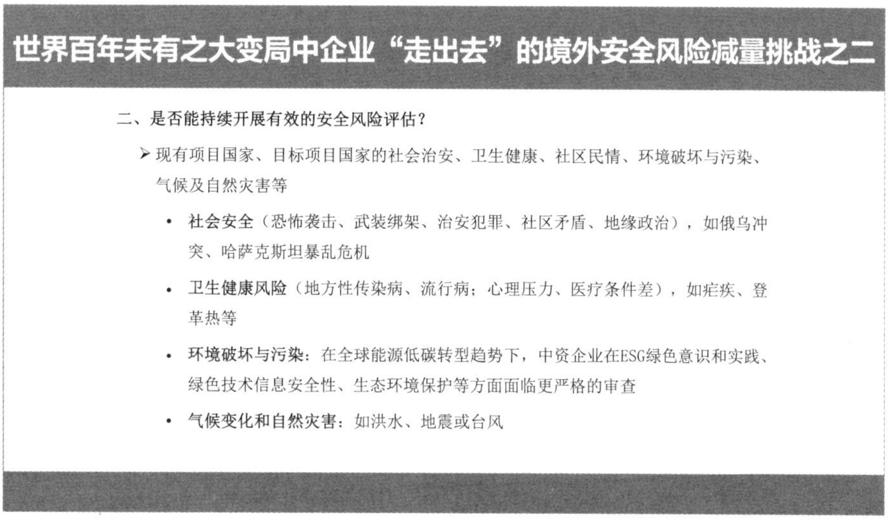

第三，是否能够适应性地升级境外安全风险管理的相应措施？综观公司在建的项目以及目前在谈判或者潜在的一些项目，我们发现公司在境外项目安全合规管理方面仍存在诸多需要提高的环节，特别是风险意识不够敏锐、制度标准执行不够严格、安全履职能力也存在不足，以及 HSE（Health, Safety and Environment，健康、安全及环境管理体系）专业人员数量不足。

企业境外安全风险存在诸多的不确定性，这些不确定性决定了风险控制机制动态维护和适应性升级的必要性。

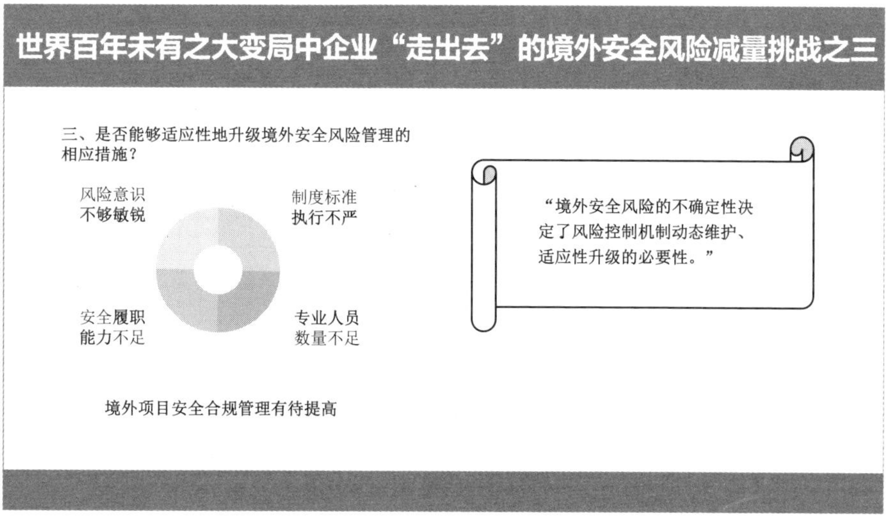

第四，项目现场的安全风险仍然存在一些敞口。

法律方面，我们对驻在地法律法规的识别不是很完善，对其认知和理解存在差异。整体上境外法律日趋严格，我们在应对策略的研判上有待加强。

诉讼方面，更多的是与环保相关。业主、非政府组织、社区对环保的关注度日益提升，而我们对环保的关注与发达国家相比还不够深入，还需要进一步提升对环保投诉的应对能力。

防范方面，突发事件的应急能力有限，应急物资的准备不足，应急演练不够。

人员方面，中方 HSE 专兼职人员不足，缺少专业人员。

资金方面，对安全环保的投入不足，安全风险评估不够深入。

沟通方面，与当地政府、社区的沟通机制不健全，公关与危机管理水平有待提高。

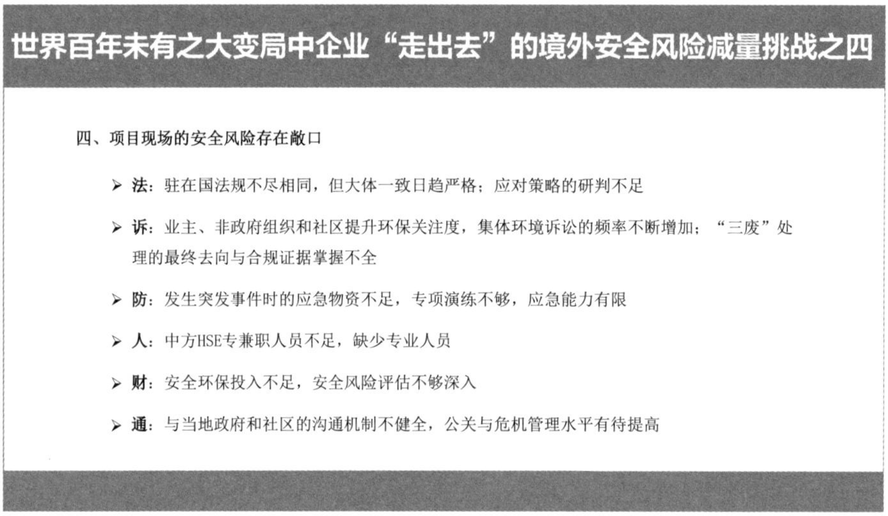

天辰工程在实际过程中做了哪些工作？

第一，全面落实各级的安全管理主体责任。公司的境外安全风险管理是以体系为支撑，以责任制为主线，以考核奖惩为抓手的前置风险管控模式。

基于风险思维的安全管理理念渗透到公司经营的各个环节，落实各方主体责任，实现了风险评估、安全教育培训、预警预防、过程安全检查、应急预案及演练、相关方联

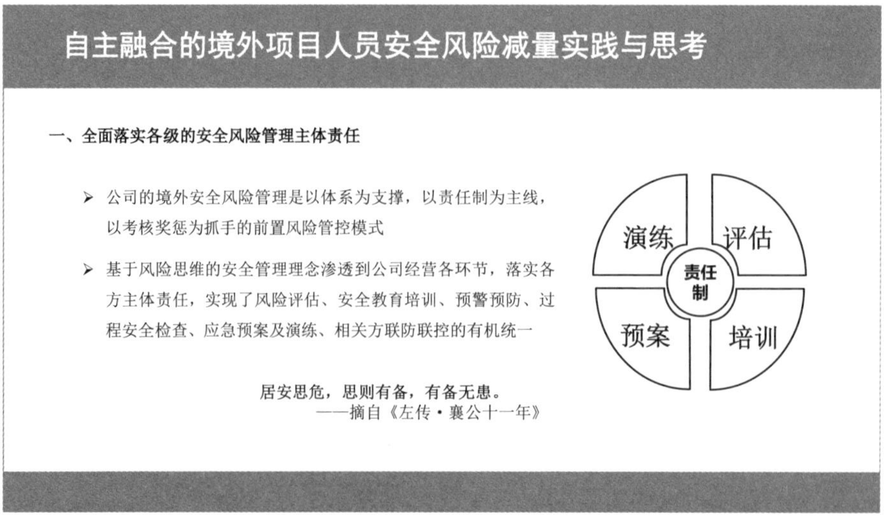

防联控的有机统一，做到“居安思危，思则有备，有备无患”。

第二，持续推进项目全过程、全员覆盖的前置化境外安全风险管理进阶。

我们采用“三部曲”的管理模式，即事前预防、事中控制和事后应急。事前预防方面，我们成立境外安全专班，明确各参与部门、各参与单位的职责；开展风险评估，做到有的放矢；做好安全培训，强化所有出境人员的安全意识；编制相应的预案，做到有备无患。关于事中控制，我们强调预警、预防，以及过程的演练和阶段性的检查。关于事后应急，首先保证我们的保险是齐备的，以防万一；其次，紧急情况下要做到及时响应，及时有效处置；最后，多方联动配合。

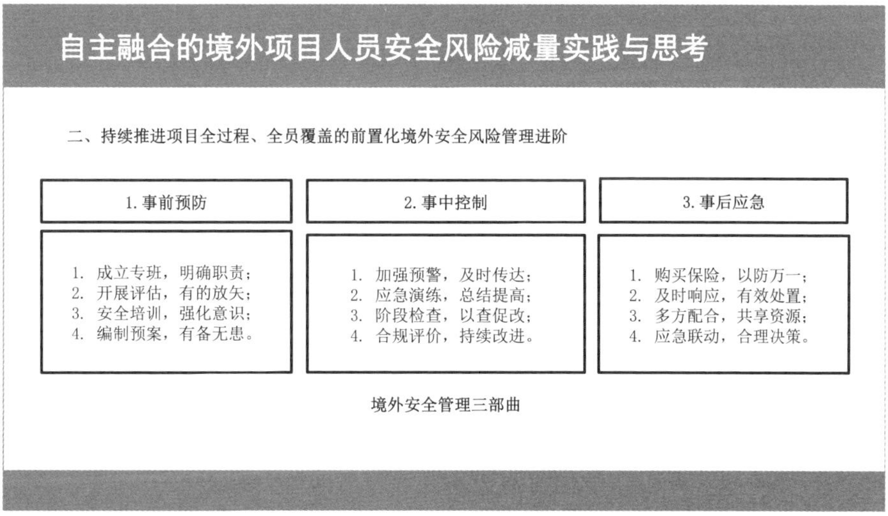

第三，抓实境外项目安全风险重点场景的关键作用。包括境外安全风险评估的全覆盖、员工外派前培训的全覆盖，以及反恐实操培训和应急演练做到全覆盖。

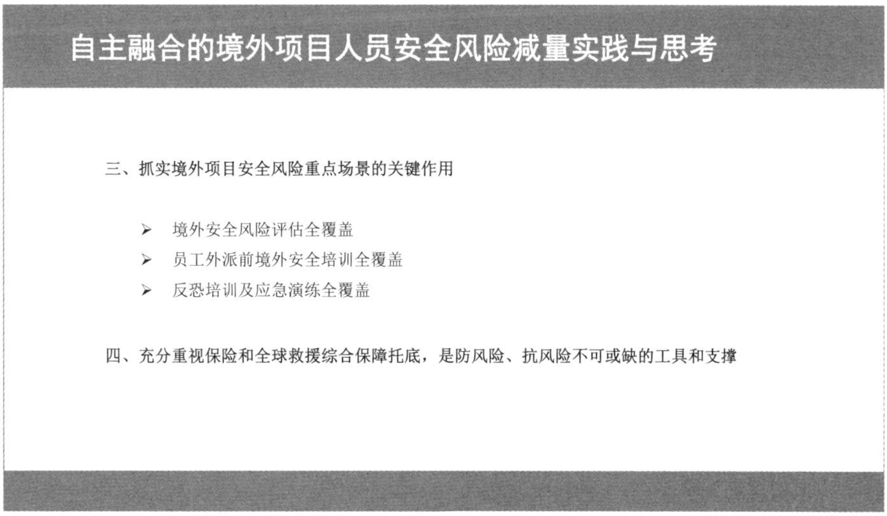

第四，充分重视保险和全球救援综合保障托底，是防风险、抗风险不可或缺的工具和支撑。

第五，把加强项目现场党团组织建设作为突发事件应对的主要措施，发挥好基层党组织战斗堡垒和党员先锋模范作用，确保应急及时有效。

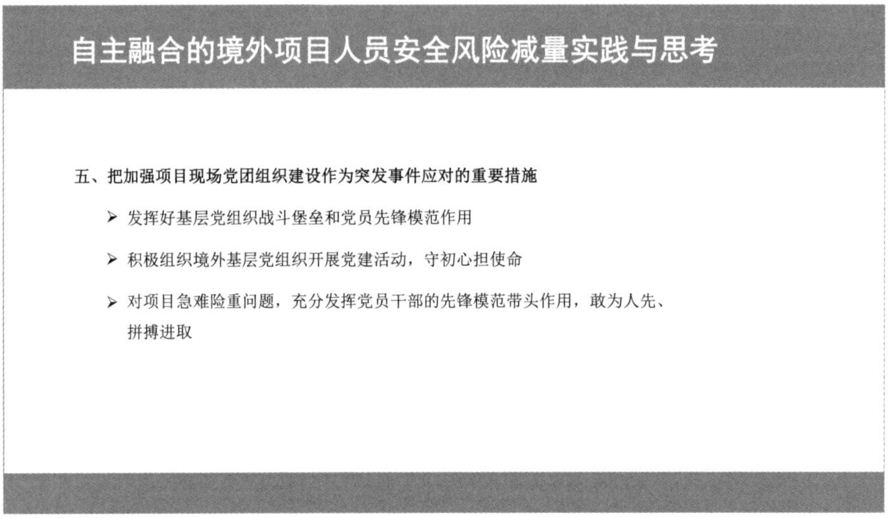

接下来，我想讲一下天辰工程境外安全风险减量的工作展望，共有五项内容。

第一，切实加强境外安全风险管理，提高"四性三点"，即思想准备的可靠性、情报获取的及时性、应急资源的充分性、应急处置的准确性，消除管理盲点，疏通协作堵点，解决应急难点。

第二，创新科技手段，加强情报搜集。引进先进的科技手段，比如大数据分析、QHSE（Quality, Health, Safety and Environment，质量、健康、安全及环境管理体系）信息化系统，提高对境外风险的监测预警能力，确保及时发现安全隐患并采取应对措施。

第三，国际安全合规和标准的参与和遵循。积极参与国际上推动的安全合规和标准制定工作，确保境外安全风险管理工作符合国际最佳实践，并为企业提供更全面、更准确的参考依据。

第四，加强同业的专业交流和安全风险信息共享，建立与国内外安全机构、专业机构的长期合作机制，共享安全信息和经验，开展相应的联合行动，共同应对跨国风险。

第五，加强与优质境外安全风险减量服务商的合作。保险托底是做好防风险、抗风险的必要手段，希望用好、用足社会公共资源，为我们的境外安全风险减量工作保驾护航。

最后，愿与强大的祖国同行，与优秀的伙伴同行，从风险出发，境外安全风险减量永远在路上。

境外安全风险减量工作展望

1. **切实加强境外安全风险管理，**提高“四性三点”（思想准备的可靠性、情报获取的及时性、应急资源的充分性、应急处置的准确性，消除管理盲点，疏通协作堵点，解决应急难点）
2. **创新科技手段，加强情报搜集：**引入先进的科技手段，如大数据分析等，提高对境外风险监测、预警能力，确保及时发现安全风险和采取应对措施
3. **国际安全合规和标准的参与和遵循：**积极参与国际上推动的安全合规和标准制定工作，确保境外安全风险管理工作符合国际最佳实践，并为企业提供更全面、更准确的参考依据
4. **加强同业的专业交流和安全风险信息共享：**建立与国内外安全机构和专业机构的长期合作机制，共享安全信息和经验，开展联合行动，共同应对跨国安全风险
5. **加强与优质境外安全风险减量服务商的合作。**保险托底是做好防风险、抗风险的必要手段。希望用好、用足社会公共资源，为我们的境外安全风险减量工作保驾护航

演讲人：李国瑞（中国天辰工程有限公司境外安全代表）

扫码观看　演讲视频

3.5 圆桌对话：抓商机防风险与驻华使馆、境外园区面对面

对话嘉宾：

印度尼西亚共和国驻华大使馆经济公使衔参赞　娜迪娅

墨西哥驻华大使馆商务参赞　托莱多

哥伦比亚驻华大使馆商务参赞　奥斯卡

中非泰达投资股份有限公司副总经理　魏建青

昇非（上海）商务管理咨询有限公司区域总监　周丽华

泰国 304 工业园区中国区总代表　陈　莉

对外投资服务平台——优投网营销总监　张　楠

主持人：今天的对话将分成三轮。接下来，让我们进行第一轮的对话。第一轮的对话主要围绕各位嘉宾的背景和具体工作，来介绍一下相关客观情况。

近年来，中国和东盟在经贸投资、互联互通等方面取得很大的进展。东盟已经连续 4 年保持中国第一大贸易伙伴的地位，而且随着 RCEP 的全面生效，中国—东盟产业链和供应链变得更加稳定、更有韧性。接下来的第一个问题想请教一下印度尼西亚共和国驻华大使馆经济公使衔参赞娜迪娅女士，印度尼西亚作为东盟的主要成员国，同时是“一带一路”的重要节点国家，目前印度尼西亚吸引中国企业投资的具体情况如何？

娜迪娅：首先，非常荣幸参加本次中国企业“走出去”风险发布会的投资服务论坛。这个论坛为中国企业与各国驻华使馆之间的对话和交流提供了一个绝佳的平台。我们对此表示衷心的感谢，并很高兴能借此机会与在座的各位进行深入的沟通与交流。

我们在吸引中国企业投资方面做了非常多颇有成效的努力。复旦大学和格里菲斯大学在 2023 年发布的一份关于“一带一路”投资报告显示，印度尼西亚是中国“一带一路”沿线最大的投资目的地国之一。根据印度尼西亚投资协调委员会的数据，2023 年中国对印度尼西亚的投资额达到了 74 亿美元，而五六年前这一数字大约仅为 20 亿美元。在短短 5 年之间，中国对印度尼西亚的投资实现了大幅度的增长。

主持人：接下来想请教一下泰国 304 工业园区中国区总代表陈莉女士，请您介绍一下泰国的情况。近年来，泰国吸引了越来越多中国企业的目光，但是对于普通消费者而言，他们对于泰国产品的了解更多地停留在水果、旅游目的地、泰国香米、红牛饮料等

上，主要集中在食品和旅游方面。您能否介绍一下目前中国企业在泰国的投资情况，是不是跟大家的普遍印象差不多？还是说，中国企业的投资已经拓展到了其他领域？

陈　莉：大部分中国人对泰国的印象往往停留在旅游和吃喝玩乐方面。其实我在这个事情上稍微有点发言权。自 1997 年加入泰国这家集团以来，我就一直在此工作，后期集团把我派回到北京，负责中国企业和中国市场的招商。通过我的观察和经验，我发现泰国不仅是一个吃喝玩乐的好地方，它在投资环境、法律各方面也非常完善。304 工业园就是一个具有代表性的例子，它作为一个华人企业在当地发展得非常好。泰国对中国企业也非常友好，这得益于两国之间有目共睹的友好双边关系。贸易方面就更不用说了，这几年发展得都非常快。所以，如果有机会到泰国去投资，大家会发现这里不光是一个吃喝玩乐的好地方，还为中国企业家提供了一个非常友好的海外投资商业环境。

通过一组数字我们来看一下这几年中国企业在泰国投资的发展趋势。2022 年，泰国投资促进委员会（BOI）批准的项目总数量是 803 个，包括全球到泰国投资的外资企业，批准的投资总额大约为 88 亿美金。到了 2023 年，BOI 批准的项目是 1 530 个，同比增长 68%，投资金额达到 156 亿美金，同比增长 78%。这组数字充分说明外商对于泰国投资环境的认可程度。

我觉得这也足以说明泰国是一个能够吸引中国企业的投资目的地。2023 年，中国企业在所有获批项目中占据了 430 个，占总获批项目的 31%，也就是说中国企业已经占到了三成以上。获批金额为 34 亿美金，名列所有在泰国投资的外资国家之首。自 2022 年开始，中国企业对泰国的投资已经超过了日本，排名第一。

主持人：陈莉总，追问一个问题，能不能给大家举一两个例子，什么行业在您看来特别适合在泰国投资？这是否与当地的人力成本有关，或是得益于泰国政府的政策红利，抑或是因为土地或原料供应等方面的优势？

陈　莉：对于泰国政府来讲，只要能够带动泰国的经济发展，带动当地劳动力的就业，就都非常欢迎。当然，对于一些高科技行业，比如电子行业、电动汽车行业，泰国政府会给予更优惠的政策，这些行业在泰国拥有更大的发展机遇。

对于工业园来讲，我们给予的支持主要集中在基础设施和服务方面。

主持人：谢谢陈莉总。接下来想请教一下墨西哥驻华大使馆商务参赞托莱多先生，请您介绍一下中国企业在墨西哥投资的增长情况。据我们所知，每年的投资成绩都在不断刷新。

托莱多：我想谈谈为什么现在越来越多的中国企业选择到墨西哥投资。首先，墨西哥是全球知名的外国投资目的地，是全球第九大外资流入国，我们在拉美建立了非常重要的制造业平台。其次，我们与美国有一条长达 3 000 多公里的国境线。这一地理优势，在中美贸易战的背景下显得尤为突出。因此，很多已经在美国市场建立了客户基础的中国制造业企业决定在墨西哥设厂。选择墨西哥的考量不仅包括地理位置的优势，还包括劳动力成本的竞争力以及《中墨自由贸易协定》所提供的稳定商业环境。

最重要的一点是，墨西哥为中国企业提供了一个安全的投资环境。墨西哥与中国是友好的伙伴关系，与美国也保持着紧密的贸易往来，企业可以从中国进口原材料和半成品，然后在墨西哥进行加工后再出口。

未来几年，我们计划将外商直接投资翻番。因此，对于中国企业来说，墨西哥提供了巨大的商机，值得把握。

主持人：哥伦比亚是拉美地区的第四大经济体，近年来中国在哥伦比亚的投资其实也非常可观。接下来请哥伦比亚大使馆商务参赞奥斯卡先生介绍一下中国企业在哥伦比亚的投资情况。

奥斯卡：非常感谢有机会向大家介绍哥伦比亚。作为拉美第四大经济体和第三人口大国，哥伦比亚对于许多投资者来说是一个极具吸引力的市场。虽然中国对哥伦比亚投资的数量还比不上对墨西哥、泰国和印度尼西亚的投资，但增长速度非常快。自 2020 年以来，中国已成为哥伦比亚来自亚洲的最重要投资国，投资类型也非常多样化。

15 年前，中国的投资主要集中在石油、天然气等领域，而现在中资企业已经参与到哥伦比亚的大多数经济部门当中。例如，在基础设施领域，很多中资企业参与了公路、铁路建设投标等项目。目前，哥伦比亚最重要的基础设施项目——波哥大地铁一号线，就是由一家中资企业来承建。在能源领域，我们正努力减少碳排放，并希望在 2050 年实现“碳中和”，在该领域，我们与中资企业有着广阔的合作空间。此外，由于中国对自然资源需求非常旺盛，很多中资企业在哥伦比亚开展可再生能源项目和金矿、煤矿、石油的开采工作。在通信领域，我们希望利用中国的技术来改善我们的通信系统。哥伦比亚是一个农业大国，盛产香蕉、咖啡、可可等农产品，我们希望在这个领域能够吸引更多外资来投资，有更多中资企业参与到农业发展中。

最后，如果你问我如何看待中国在哥伦比亚的投资，我会告诉你，如果你来到我们的首都波哥大，你会发现地铁是中国企业建设的，有轨电车是由另一家中国企业——中国中车集团建设的；如果你想乘坐公交，你会发现我们的公交车是与中国的比亚迪公司合作的；如果你想打车，可以使用小米手机下载滴滴出行软件叫车；待你回到家，你家里使用的能源也可能也来自中国企业，如三峡集团或中国电建所开发的项目。这些实例都充分展示了中国投资在哥伦比亚的广泛影响和积极贡献。

主持人：中国在哥伦比亚的投资增长非常快，尽管目前总体规模还不能与在泰国和墨西哥等区域的投资相比，但投资领域已从石油、天然气等能源行业向农业延伸。我想请教一下，目前在哥伦比亚投资的中国企业中，主要是国有企业还是民营企业呢？哥伦比亚当地更加倾向于与哪一类企业合作呢？

奥斯卡：哥伦比亚的投资领域中，不同类型的企业扮演着不同的角色。在基础设施建设方面，主要是国有企业发挥主导作用，而在能源领域，我们观察到更多的是民营企业的身影，这可能是因为民营企业在风险承担方面展现出更大的灵活性。因此，根据行业的不同，企业的性质也会有所差异。综合来看，在基础设施领域，国有企业占据较大比例；而在能源和通信领域，民营企业的数量可能更多。

主持人：接下来我们请中非泰达投资股份有限公司副总经理魏建青先生说一说非洲的情况。2024 年 1 月国务院组织《中非经贸深度合作先行区建设总体方案》，明确指出要打造具有国际竞争力的对非合作平台。您能否给我们简单介绍一下，公众之前普遍认为的中非合作是什么？现在在投资方面，有没有一些根本性或者是原则性的变化？

魏建青：提到非洲，我本人情有独钟，可以说是一位资深的“老非洲”了。我曾在埃及项目工作长达 16 年，其中近 10 年是常驻，一路走来感触非常深。正如您刚才提到的，中国企业在非洲初期面临了不少质疑和误解，有人质疑我们来到非洲，特别是埃及，只是为了资源。然而，现在情况已经大为不同，非洲已经成为重要的“一带一路”倡议中国和产能合作的天然合作伙伴，关系非常密切。

中国商务部数据显示，从 2000 年到现在的 20 多年间，中国和非洲的贸易总额，包括出口和进口，已达到 2 万亿美元，中国对非洲的投资也达到了 500 亿美元，增速非常快。

我个人在埃及的感受尤为深刻，很多积极的趋势已经显现。第一，中国在非洲的投资领域日益广泛，不仅包括采矿业，还扩展到农业、加工制造业、工程承包、电子商务、保税仓及科技创新等领域。第二，投资主体更加多元化。过去以国有企业为主，而现在民营企业已成为主力军。有数据显示，在非洲投资的中国企业约 3 500 家，但我认为实际数字可能远远超过此数，其中 70% 是民营企业。第三，投资平台的作用在非洲日益凸显。中非泰达投资股份有限公司作为园区的开发建设和运营商，实际上为中国企业“走出去”在非洲搭建了一个海外发展的平台，促进企业抱团出海、集群式发展，从而增强了抵抗风险的能力。

据中国商务部统计，中国在非洲的园区有200多家，其中中方主导的园区大概有20多家。目前，非洲有4家园区被认定为国家级海外经贸合作区的平台，泰达经贸合作区便是其中之一。我认为，这些变化和发展潮流预示着中非合作的美好前景。

主持人：接下来请昇非（上海）商务管理咨询有限公司区域总监周丽华女士为我们介绍一下昇非园区的情况。接着刚才魏总关于非洲的话题，您在非洲有哪些新的观察？

周丽华：昇非集团在非洲一直坚持与当地政府合作，采用公私合营的模式经营。自2010年，我们在加蓬恩科经济特区创建第一家产业园以来，目前已经在非洲的贝宁、多哥、尼日利亚、刚果（金）、刚果（布）等10多个国家建立了自己的产业园。2024年下半年，我们将扩展到坦桑尼亚、肯尼亚、塞拉利昂、毛里塔尼亚、布基纳法索等国家。

关于中国企业赴非的情况，根据我们园区与中国企业的合作经验，自2014年年底第一家中国企业入驻至今，我们总结了中国企业在非洲园区创建公司的三个特点。

第一，合作持久，我们即将迎来与中国企业合作的第二个10年。

第二，合作范围和投资领域非常广泛，不限于家具、木材、纺织等方面，还涵盖了大约17个不同的行业，如废物回收、塑料、金属、黏合剂、假发、饮用水、建筑建材等，投资领域相当广泛。

第三，投资回报率方面，根据我们园区内30多家企业的投资回报率数据分析，主要分三种情况：第一类是投资回报比较快的企业，主要涉及物资回收和绿色产业，包括废塑料、电子垃圾、废轮胎、废木料的回收，这类工厂的原材料成本相对较低，大约只占整个生产成本的20%。这些原材料从非洲本地市场收购，有些甚至可以免费获得，因此这类企业通常能在一年左右开始盈利。此外，这一类别还包括制冰、制水和饮料行业，因为非洲大部分国家处于热带，对冰的需求量比较大。第二类是中等回报型企业，它们主要利用当地资源生产产品，如木材和家具制造。这类产品的原材料成本约为生产成本的40%，但由于需要较大的场地和堆场，其投资回报周期大约需要两年。投资回报率也受到企业在生产运营中成本控制能力的影响，控制得当的话，投资回报率会高一点。第三类是缓慢回报型企业，主要是纺织工厂，属于劳动密集型产业，与产业链上下游关联密切。这类企业的原材料主要是棉花，而棉花受天气、国家出口配额和市场波动的影响较大，较难控制。同时越接近产业链下游，相关企业的人工成本占比会越大。由于非洲整体的生产效率普遍低于国内，这类行业的投资回报周期相对会比较长一些。

既然投资回报周期长，为什么还要去呢？因为企业更看重的是非洲低廉的劳动力成本和市场机会。例如，西非生产的棉花制品进入欧美和日本市场不受限制，相比国内竞争激烈的大环境，企业在非洲还是有利可图的。因此，中国企业赴非投资应根据自身行业特点，结合当地原材料供应情况进行综合投资分析，对投资回报周期有一个比较客观的认识。

主持人：周总，追问您一个问题，回顾我国 20 世纪八九十年代，当时第一批外企进入中国市场，这不仅是对中国的直接投资，更是中国企业一个学习和借鉴的过程。我们向对方不仅学习到技术和产品制造知识，更重要的是学习了现代企业管理、组织架构建设、企业文化等方面的知识。现在在非洲，我们是否也看到了类似的景象？

周丽华：的确如此。以加蓬为例，当地以木业为主，但其伐木技术和机器比较落后。中国企业进入后，与当地劳工部门合作，提供了锯木工人的培训课程。在贝宁的纺织中心，也有纺织工人的培训项目。我们不仅培训熟练工人，还分享管理经验。此外，当地海关在出口产品抽检方面也较为落后，由于我们与当地政府的合作关系，我们也会为海关提供相应的技术支持和交流。

主持人：确实，授人以鱼不如授人以渔。这一轮最后一个问题，想请教一下优投网营销总监张楠先生。优投网专注于企业跨境投资服务，多年来在这个领域深耕。据您观察，目前中国企业出海投资的环境或者说发展现状，在这一两年有没有发生变化？

张　楠：谈到投资环境，我认为应该从两个角度来解读。首先，从内部环境来看，我们国家包括高层一直在积极拓展国际间的经贸合作，无论是“一带一路”倡议的十周年、首届中国—中亚峰会，还是金砖国家和上合组织的扩容，我们国家一直在积极拓展海外的“朋友圈”，这无疑有助于企业去海外投资。

其次，从外部环境来看，情况就相对不太乐观。从中美贸易摩擦到欧盟对中国某些行业的“双反”措施，再到民粹主义引发的产业链去中国化、去全球化趋势，这些都对中国传统做得比较强的国际贸易构成了挑战，客观上倒逼一些中国企业不得不去海外投资。

针对这种政治、经济和文化环境的变化，根据优投网多年来服务企业的经验，我们看到企业也在进行实质性的调整，与过去相比有所变化。首先，从投资主体来看，由传统的央企、国企海外投资，逐渐转变为民营企业成为新的生力军。民营企业在对外投资中所占的比例逐步上升，并保持稳定增长的趋势。

从投资领域来看，约有 70% 的企业会把投资目的地定在“一带一路”共建国家。这不仅是基于产业链和供应链集聚的考量，也受到了我们国家对“一带一路”共建国家的金融类、保险类、工具类行业的推动和鼓励。

从行业角度来看，传统的制造业仍然是超过五成企业海外投资的第一选择。此外，约 1/4 的企业会选择投资贸易类公司，将国内的传统国际贸易转移到国外。行业选择也由过去传统制造业，如钢铁、纺织、印刷等，转移到智能制造、光伏等高端优势产能，这与我们国家提出的新质生产力发展相辅相成。

从投资目的来看，超过六成的企业会把扩展市场作为海外投资的第一目的，即市场寻求型投资。超过 35% 的企业把降低成本作为第二目的，即效率寻求型投资。而 33% 的企业把扩展品牌作为一个目的。

综合上述变化，我们再来看一下海外投资的最终收益。据统计，超过六成的企业在海外投资过程中的投资收益率保持稳定，超过两成企业的投资利润率有所增加。

最后，从投资形势来看，我国企业也在根据国际环境调整自身的投资方式，由传统的绿地投资或百分之百并购转变为股权投资，呈现出更加国际化的趋势。以上这些是根据我们多年来服务企业的经验所得出的。

主持人：第一轮交流到这里告一段落，第一轮交流的关键词是“中国企业海外投资的现状”，我们已经对相关情况有了大致了解。接下来，让我们进入第二轮的交流，这一轮的关键词是“投资机遇”。

第一个问题，我们来请教一下娜迪娅公使衔参赞，请您给我们介绍一下印度尼西亚对外国企业投资提供了哪些政策激励。

娜迪娅：印度尼西亚政府一直致力于改善投资制度和提升政策激励。2020 年，我们颁布了新的法规以促进投资，即《2020 创造就业综合法案》。通过这一法案，我们希望可以为投资者带来更大的法律稳定性，并进一步改善印度尼西亚的投资环境。为了支持外国直接投资的发展，印度尼西亚政府也推出了一系列鼓励政策，包括免税期、税收减免、投资补贴以及对机器和原材料进口的税收优惠等。未来，我们将聚焦一些行业，如有关清洁能源和低碳经济的行业。此外，我们有计划进行首都的迁移。

我来跟大家分享一些数据：目前我们已有 63 个新投资项目，总价值达 130 亿美元。这些项目均与我们的新首都努山达拉相关。我们衷心希望吸引到更多的中国投资者，与我们共同开发新首都。

主持人：我们再来看一下墨西哥的情况。托莱多参赞，能否请您分享一下墨西哥目前呈现出哪些积极的投资趋势？

托莱多：墨西哥各行各业都蕴含着丰富的机遇。目前，我们重点推动科技行业的发展，包括电动汽车、生命科学、电子器件和芯片等。不仅如此，我们还观察到一种趋势：随着越来越多的中国企业和代工厂将生产基地搬到墨西哥，与其相关的供应链也随企业一起出海。虽然墨西哥已经拥有庞大的供应链体系，但通过与中国企业合作，可以进一步弥补供应链中的空白环节。这种合作模式对所有参与方都是有益的，墨西哥正逐渐成为中国在南美洲的制造中心，中国企业也可以借道墨西哥更容易地进入南美市场。

主持人：奥斯卡参赞，您能否介绍一下哥伦比亚有哪些对中国企业在当地投资的优惠政策呢？

奥斯卡：6 个月前，我国总统出访了中国。在这次访问期间，两国之间签署了一系列合作协议，以推动两国之间的投资和贸易往来，其中一项协议就是专门为了保护中国投资者在哥伦比亚的投资权益。

此外，我认为哥伦比亚有望成为一个非常重要的物流枢纽和生产中心。正如墨西哥参赞所提到的，他们国家因毗邻美国市场而拥有非常大的优势。事实上，哥伦比亚也拥有绝佳的地理位置，我们国家位于整个美洲的中心，是南美洲唯一同时毗邻太平洋和大西洋的国家。从哥伦比亚首都波哥大出发，飞往北美洲最北端的加拿大，需要 5~6 小时。同样地，从波哥大飞往南美洲最南端的智利，飞行时间也大致相同。因此，哥伦比亚凭借位于美洲大陆中心地带的地理优势，为中国企业提供了一个绝佳的海外投资目的地，不仅能够帮助中国企业触及北美市场，还能够覆盖整个美洲大陆的市场。

与此同时，我们已经与多国签署了自由贸易协定。通过哥伦比亚，中国企业可以触及 5 亿人的消费者市场。正如中国一样，我们建立了很多自贸区，吸引了很多公司入驻，入驻企业可以享受到丰厚的税收优惠政策。

主持人：下一个问题想请教魏建青总。泰达园区作为支持中国企业“走出去”的非洲园区，目前前往非洲投资的中国企业最需要的是什么样的支持呢？为了满足这些企业的需求，泰达园区目前有哪些计划或措施？

魏建青：我本人从事海外园区招商工作将近16年，接触过很多中国企业。对于这些企业“走出去”的诉求，我做了一个精辟的总结，那就是五个字：安全地赚钱。安全是一切的前提。

海外园区是中国“一带一路”倡议下产能合作的重要平台和抓手。中埃·泰达苏伊士经贸合作区经过近16年的大力开发建设，现已在政治、经济、社会方面取得很好的效益，为中资企业在埃及创造了一个类似国内的仿真环境，确保安全的同时能够保证企业招得来、留得住、能发展。比如，在园区安全方面，我们可能是海外园区中唯一两次获国家领导人揭牌的园区。2009年，温家宝总理为起步区揭牌。2016年，习近平主席与埃及总统塞西为扩展区揭牌。得到两国领导高度关注和支持，为我们园区提供了强有力的背书。2016年揭牌当天，中国商务部与埃及苏伊士运河经济区管理总局签署了针对园区的三级磋商机制，确立了合作的法律地位。通过第一层级政府间协调委员会、第二层级管委会和第三层级埃及泰达公司，一旦园区企业遇到任何挑战和问题，我们都能提供有效的帮助和解决方案。

当然，海外投资确实有风险，为此我们还建立了三级联防机制。我们与埃及当地军警和土著部落保持着良好合作，并聘请了具有中资背景的安保公司，确保园区人员和财产的安全。

在基础设施方面，泰达已累计投资近2.5亿美元，致力于打造一个现代化的产业新城。目前园区不仅实现了“六通一平”，基础设施非常完善，还建设了办公楼、酒店、公寓、乐园、保税仓以及针对中小企业的标准厂房，为企业提供了优质的硬件环境。

在软环境方面，泰达代表了国内开发区“走出去”一种较优的模式。我们为企业提供了非常好的全生命周期服务，从初期到埃及考察，到公司注册、人员招聘、融资、法律服务，再到进出口报关、清关等，企业对泰达的依赖度非常高。我们提供一站式、全流程的服务，这正是园区设立的初衷和本意，并且已经实现了它当初设想的预期功能。

主持人：您刚才提到三级磋商机制，能否举一两个例子，说明一下有哪些原本难以处理的问题通过这种沟通机制顺利地搞定了？

魏建青：让我印象最深的是汇率风险。在埃及工作的16年中，其中一半的时间是在和各种风险和挑战做抗争、抗衡。我经历了2016年和2022年埃及镑的两次大幅贬值，第一次是美元兑埃及镑汇率从1∶8突然降到1∶18，而2022年又在1∶18的基础上突然贬至1∶30。为了规避汇兑风险，我非常同意专家的观点，最终的解决方法还是推行人民币的跨境结算。

我们当时提出了一个想法：能不能以园区为试点，推行人民币结算？如果仅靠一个企业单独去推动，因为涉及许多顶层设计的问题，实施起来非常困难。但如果借助三级磋商机制，第一层是政府间的协调委员会，可以由商务部和天津市政府与埃及政府相关部门进行协调。目前，我们已经取得了一些突破，埃及政府已正式批复，同意泰达园区作为试点推行人民币结算。我们现在正选择一些企业作为先行者，试验推动人民币的跨境结算。通过两国政府之间的磋商机制，许多问题确实得到很好的推动或解决。

主持人：接下来，我们与陈莉总交流一下，说说泰国的情况。未来中国企业在泰国投资，您认为有哪些机遇？正如开篇所提到的，泰国不仅有吃喝玩乐，在高科技、电子等其他领域同样存在机遇。您所管理的工业园区，能够为企业把握这些未来的机遇提供怎样的帮助呢？

陈　莉：泰国是东盟中一个很重要的经济体，被视为东盟的经济中心。在很多贸易领域，比如汽车行业，出口都是以泰国为中心，许多生产基地就设在泰国。以 304 工业园为例，30 年前建园时就吸引了很多日本汽配企业入驻。随着时间的推移，周边的工业园也入驻了很多汽配类企业，园区所在的东部地区逐渐发展成为汽配产业集群中心。因此，对于汽配行业来说，如果落户在 304 工业园，将会很容易在产业链上下游找到合作伙伴，这对于汽车行业无疑是一个机遇。

在政策方面，泰国政府给予了稳定且持续的政策支持。比如，外资企业到泰国投资，可以获得工业用地 100% 的永久产权。这意味着，如果中国企业到我们工业园购买土地，将拥有该地块的完全且永久的所有权。此外，外资企业在泰国可以 100% 地独资，无须与泰国人合资。外国投资者到泰国购买土地、建立工厂，可以享受到 100% 独资的权益。不过，开设贸易公司是另外一回事。另外，泰国的金融业也非常发达，法律完善，对于外汇的汇出也较为便利。

企业去国外投资，无论是为了解决国内产能过剩的问题，还是出于其他考量，归根到底，都是以盈利为目标。泰国政府根据企业所属的行业类别，给予不同等级的优惠条件。基本规则是，科技含量越高，企业能够享受的优惠等级越高，得到的优惠条件就越好。具体来说，企业可以享受从 3 年到 13 年不等的企业所得税豁免，具体时长取决于其所在行业的分类。

近年来，随着到泰国投资的企业越来越多，泰国政府进一步加大了优惠政策的力度。除了协助外国企业主、高层管理人员或技术人员办理工作签证外，2023 年还推出了长期居留签证（long-team resident visa）。这对于中国企业家来说，是一个很好的机遇。这项签证允许企业主携带四位家属，极大地方便了企业主在中泰两国间的往来。此外，泰国的医疗和教育体系都非常发达，很多企业主选择带着家人一同移居，孩子可以在国际学校接受教育。在泰国，国际学校选择多，且费用比中国低，老师也很专业。

工业园能够给予企业哪些支持呢？以 304 工业园为例，它在泰国比较具有代表性，是泰国工业地产里的领军角色。304 工业园之所以能够吸引近 200 家企业入驻，主要得益于以下几个方面的优势：第一，304 工业园地理位置优越，较少受自然灾害影响。泰国有雨季，雨季时很多地方会遭受洪水侵袭，但 304 工业园地势相对较高，海拔在 14 米到 20 米之间，虽然与中国大陆无法相比，但在泰国已经算是地势高。而且，园区地质坚硬，不需要频繁维修或加固地基，这不仅降低了建厂的建筑成本，也减少了后期的运维成本。此外，园区内从来没有发生过洪水，而其他工业园则时有发生。第二，304 工业园拥有自己的能源集团，年装机容量 893 兆瓦，这对于那些用电量极大的企业来说特别具有吸引力。能源集团不仅为所有工业园内的用户提供电力，还将 40% 的额外电力卖给国家电网。对于那些用电量大的企业，比如电子和 PCB（Printed Circuit Board，印刷电路板）行业，这一点非常重要。第三，我们拥有自己的水库，容量达 4 000 万立方米。如果企业对水资源需求大，304 工业园的基础设施将非常有利。第四，生活方面，我们在当地也是推动社区发展和地区 GDP 增长的重要企业，生活条件非常便利。这些都是泰国政策和工业园方面为中国企业提供的机遇和优惠。

主持人：接下来请周丽华总介绍一下，站在昇非的角度，对于入驻企业来说，未来做什么生意最有优势？

周丽华：非洲的情况与三四十年前的中国相似，那时候我们国家推动扩大对外开放，引进贸易以促进本地经济发展。非洲最大的优势就是人口红利。到 2023 年年底，非洲人口已经达到 14.9 亿，而且以每年约 2 亿人的速度递增。联合国预计，到 2035 年，非洲人口将达到 25 亿，这意味着巨大的市场空间。现在，非洲各行各业都充满新机遇，欢迎来自任何行业的企业来投资。

大部分到非洲投资的企业，最初主要考虑的是当地的特产，如木材、农产品、木薯、腰果等。实际上，非洲对医疗设备、新能源、通信设备等方面的需求很大，中国企业可以考虑这些领域。

关于昇非园区提供了哪些投资便利条件，我分阶段给大家讲一下。

第一阶段：项目初期。这是很多投资者都非常关注的阶段。我们在非洲约 14 个国家建立了园区，能够协助企业识别并寻找适宜的投资商机，并在选址上提供详尽的建议。我们还能确保工业用地的合法性，避免潜在风险。因为在非洲，许多土地可能归属于当地酋长或部落，而在我们园区则无须担心这个问题。

第二阶段：项目开发期。我们有专业的团队提供端对端的全程指导服务。我们可以为项目开发者提供相关的消费市场数据，这一点非常重要。由于非洲网络问题，在线查到的数据并不一定真实。我们跟十几个国家建立了公私合营关系，拥有专门团队进行市场数据调查，获取一手的数据。此外，我们还有专业人士为您解读相应的关税税收政策，包括前 10~15 年的免税激励政策和政府补贴。

由于我们园区与政府合营，我们可以与政府共同制定相关政策，并提供园区内的一站式政务服务，约 26 个政府部门在园区驻扎，指导行政审批工作。

第三阶段：项目运营期。昇非集团作为大宗贸易采购商，可以从源头帮企业采购到具有竞争力的、可持续性的原材料，确保原材料供应的稳定性，主要是农产品，包括非洲的木薯、腰果、乳木果、大豆和棉花，等等。

我们拥有最高安全标准，即 ESG 认证的即插即用工业设施，水、电、煤气的供应全天候不间断，确保工厂正常运营。此外，我们拥有高效的物流体系，包括物流巨头马士基在内的企业已入驻园区，可以提供一站式的便利物流服务。在安保方面，我们拥有世界一流的安保公司，它是一家法资企业，可以为园区内企业提供人身和资产的安全保障。

对于投资回报率相对比较长且可能需要融资协调的企业，我们可以协助寻找合作伙伴，甚至参股创建合资企业，并与当地 100 多家银行和金融机构合作，提供项目融资服务。

最后，我们可以提供必要的销售和市场支持。我们有自己的公众号，可以为入驻园区的企业做产品推介。我们面向全球招商，目前已有 170 多家企业，覆盖 17 个国家，可以帮助企业在全球范围内进行产品推广。此外，我们也能够协助企业解决在运营中可能遇到的与当地政府相关的问题。

主持人：这一轮的最后一个问题，想请教张楠总。刚才我们听到各驻华使馆和各境外园区对于未来中国企业“走出去”在境外投资充满信心。在当前形势下，优投网将如何根据对最新形势的研判，做好引导或者配合中国企业“走出去”的工作？

张　楠：首先，企业“走出去”一定是大势所趋。刚才使馆和园区代表都介绍了海外投资的诸多便利条件。企业“走出去”不仅是因为相关政策的引导或者客观环境的影响，更是历史发展的必然规律。这一轮“走出去”更多聚焦在新一轮的产业链转移上。历史上，我们见证了 19 世纪末 20 世纪初从英国到美国的转移，20 世纪五六十年代从美国到日本，六七十年代从日本到亚洲四小龙，八十年代再转移到中国，以及新一轮的从中国到东南亚的转移，这是历史发展的必然规律。因此，对于企业来说，“走出去”是一个无法扭转的趋势。

在此基础上，优投网对企业的首要建议就是积极地“走出去”，并且要主动，而不是被动。当前，一些企业可能因受到惩罚性关税和双反调查的影响而选择对外投资。我们在服务企业时发现，虽然企业在国际贸易方面做得非常好，但在国际投资人才储备方面严重不足。因此，我们鼓励企业主动“走出去”，而不是被动“走出去”。

在投资方向上，建议企业优先考虑“一带一路”共建国家。我们始终认为“一带一路”是一个开放的倡议，对于企业来说，如果参加“一带一路”能够获得实际优势，那企业自然而然会选择加入。我们可以借鉴“一带一路”海外成功项目的经验，如中巴经济走廊、坦赞铁路、中欧班列等，这些项目都展现出一个明显的趋势：先建好一条路，然后发展一个经济带。我们国家高层非常智慧，在提出“一带一路”倡议的同时指明了它的实践路径，即先建起一条路，然后繁荣一个带。

对于企业来说，在海外投资的过程中，如何走通海外投资之路至关重要。一旦走出这条路后，企业不仅可以带动相关的产业链和供应链一起“走出去”，还能促进企业的持续发展。特别是在江浙地区，我们观察到，许多老一辈企业家将企业的火炬传递给年轻一辈，这是“传、帮、带”的时刻。因此，“一带一路”无论在理念上还是实践中，都为企业海外投资提供了很多机遇。只要企业能够坚持主动“走出去”，并且沿着“一带一路”这个方向前进，我相信一定会取得丰硕的成果。

主持人：谢谢各位，到这里我们的第二轮讨论也结束了。在第一轮中，我们主要关注了中国企业“走出去”的投资现状。第二轮则聚焦中国企业当前及未来的投资机遇。在最后一个环节，我们将讨论在企业做出海外投资决策并完成项目落地之后，如何适应当地环境并且提升本地化经营水平，希望请各位为企业提供一些经营上的建议。首先，我们请娜迪娅公使衔参赞分享她的看法。

娜迪娅：针对在印度尼西亚投资的中国企业，我有三条建议。

第一，充分了解印度尼西亚的各项情况。中国与印度尼西亚在语言、气候、政策以及政府治理结构等方面存在很大差异，因此在印度尼西亚经商，充分了解当地的基本情况至关重要。其中，了解印度尼西亚的政策也包括要遵守当地的法律法规。中国与印度尼西亚之间已有丰富的成功投资合作经验，并建立了很多便利的合作机制和工具，如双边本币结算安排和外汇交易机制等，这些都是在印度尼西亚的中国企业可以充分利用的有效工具。

第二，积极构建良好的本地人脉网络、声誉和公众关系。目前，已有众多中国人在印度尼西亚开展业务，他们对于计划进入印度尼西亚市场的中国企业来说是宝贵的人脉资源，能够提供实用的建议和经验分享。

第三，对于计划未来在印度尼西亚投资的中国企业，必须考虑投资的可持续性，如绿色投资和绿色基础设施建设。可持续性与包容性紧密相连，在规划投资时，应确保投资项目能让当地社区受益，这同时为中国企业的成功奠定了基础。

主持人：托莱多参赞，您的建议呢?

托莱多：这段时间，在美国竞选演讲中，我们听到了一些关于未来美国可能对在墨西哥投资的中资企业实施制裁的言论。然而，从墨西哥的角度来说，这些言论只是竞选的说辞，距离真正成为现实还很远。为什么这么说呢?

第一，8 年前美国前总统曾说要在墨西哥与美国之间建立边境墙，但在其 4 年任期内，边境墙没有建起来。第二，美墨两国之间的贸易联系非常紧密，对任何一方的制裁措施都将对另外一方的贸易产生负面影响。第三，《北美自由贸易协定》包含一项独特的争端解决机制，这是美国签署的其他贸易协定中所不具备的。根据该机制，任何一国包括其领导人都不可能单方面对货物增加关税。如果出现此类情况，需要成立专家组来解决争端。因此，如果美国试图对货物增税或设置新的贸易限制，美国、加拿大和墨西哥三方需要共同成立专家小组来处理这一争端。这一机制为国际贸易提供了相当程度的稳定性，并降低了对中国投资实施制裁的风险。

另外，从墨西哥的角度来说，我们对外国投资持非常开放的态度，特别欢迎来自中国的投资，并希望借此获得更加先进的技术。

因此，我想强调的是，中国在墨西哥的投资将会受到墨西哥政府和《北美自由贸易协定》的保护，不可能仅凭一位总统的竞选说辞就对在墨西哥投资的中国企业实施制裁，因为他们必须遵守自由贸易协议的规定。

主持人：下面让我们听听奥斯卡参赞的建议。

奥斯卡：我的建议是，在投资之前，深入了解投资目的地国家的营商文化。我了解到，中国被誉为“工程师的国度”，而哥伦比亚则以其众多的律师著称，形成了“律师文化”。因此，两国的营商文化存在显著差异。

比如，中国企业家非常重视资源，他们认为只要对项目有益，一切皆可协商。相比之下，哥伦比亚人则非常注重严格遵守协议。一旦条款或条件被确定，就很难更改。这种文化特点对于在哥伦比亚开展业务的企业来说极为重要。

主持人： 投资是手段，回报是目的，刚才魏总说了还有一个前提是安全。接下来，我们有请三家园区的负责人，就企业在合规、合法、ESG 等方面提出自己的建议。

魏建青： 第一，风险防范意识要加强。在非洲 16 年的经历让我切身感受到，时时有风险，处处有风险，风险无时不在。风险意识一定要加强，要有底线思维，始终保持居安思危，在项目的全生命周期进行风险防控，包括事前、事中和事后。事前风险意识的提升包括风险识别、制定预案、进行演练、确定应对措施，并投保相应的保险，确保在将来问题发生时，能够得到赔偿。选择园区也是风险防范的重要措施。在泰达 16 年的发展历程中，我们有一半时间在和风险作抗争。我们亲历了 2011 年和 2013 年的两次埃及革命。2011 年在短短的 18 天内，一个长达 30 年的政权轰然倒塌。2013 年，我们再次经历埃及的第二次革命。此后，我们又经历了 2016 年、2022 年，以及当前的埃及镑大幅贬值和美元短缺所带来的风险。2017 年，我们还经历了合作区法律变更带来的风险。这些经历充分证明，时时有风险，处处有风险，我们必须时刻保持警惕，紧绷风险防控之弦。

第二，无论在非洲还是在埃及投资，企业都应秉持合作共赢的理念。我们常说“不吃全鱼”，意味着要与合作伙伴共赢。这包括为驻在国政府带来工业化水平的提升，增加劳动就业、税收和出口等。

第三，积极融入当地的文化，将中华优秀传统文化与当地文化相融合，互学互建。同时，企业还应做好员工的属地化工作。以泰达在埃及的业务为例，我们在埃及的员工将近 384 人，其中常驻埃及的中国员工仅 5 人。许多中高层管理者，甚至前方公司的总经理都是埃及人。我们为当地培养了一批非常优秀的产业工人和园区开发建设人才，埃及政府的部长和省长们都表示，这些人才比黄金还珍贵。这表明，除了为当地创造就业和税收外，泰达在人才培养方面也为当地做出了重要贡献。

第四，冷静看待风险，做好风险管理。许多企业关注汇率风险和美元短缺的问题，尤其近期埃及镑贬值 40% 的情况。我想强调的是，任何事物都有两面性。一方面，埃及政府现在更加重视吸引投资，专门成立了由总统塞西亲自挂帅的“投资最高决策委员会”，对海外投资和 FDI 投资非常重视，并为特殊或重大项目提供税收优惠政策。另一方面，埃及镑的贬值对出口导向型企业实际上是利好消息，因为埃及的生产要素成本如能源价格和劳动力价格反而降低了。如果企业的目标市场是中东、北非、欧洲、美国，那么以美元和欧元计价的收入将带来更高的投资回报率和利润。此外，企业应采取多种措施和工具应对风险，包括以合作区为试点推行的人民币国际化、套期保值等。面对困难和挑战，我们应保持冷静，要用辩证的方法看待问题和挑战。

主持人：延续着非洲的话题，我们请周丽华总说说您的建议。

周丽华：首先，从法律和政策角度来说。

第一，我们要遵守我国的对外投资法规，确保合规性。同时，了解投资目的国的政策导向也至关重要，我们需要清楚了解其产业特点，比如该国是侧重发展农业加工、木材加工、进口替代品，还是新能源。对这些政策的深入了解有助于我们做出明智的投资决策。

第二，评估非洲主权国家与中国的对外关系及其对中国企业的友善度也非常重要。两国间的高层互访频率就是一个重要的评估指标。比如，中国与贝宁保持良好的双边互访关系，贝宁的格鲁吉贝产业园经常接受来自双边国家的采访。

第三，投资目的国的“三政稳定性”，即政体、政府和政策的稳定性，也是投资决策中的关键考量因素。具体来说，了解其政治体制，如是否为民族共和、三权分立或司法独立；政府稳定性是指民主选举、治理腐败以及总统任期相关问题；政策稳定性主要是指出口政策和营商环境是否具有连续性和可预测性。

其次，从经济和市场角度来讲。

第一，要知道投资国的货币稳定性和外汇储备情况。西非一些国家，如贝宁、多哥、刚果（布）、加蓬等因为历史原因与欧元挂钩，而刚果（金）则与美元挂钩。在与国际客户结算时，可以考虑使用汇率波动较小的欧元结算，而与非洲本地人交易时，则建议使用当地货币。

第二，在投资决策前要对非洲本地市场进行充分的市场调研，不要盲目投资。非洲大陆虽然存在诸多需求，但部分可能是伪需求。非洲大陆目前由于经济贫困，存在缺水、缺电、缺粮和缺道路的情况，对过于新型的科技产品，投资者需审慎评估其真实需求情况。

第三，我们还需要考虑原材料的采购策略，是从中国进口还是从非洲本地采购，以及产品的最终市场定位，是要销往非洲本地市场还是国际市场。若销往非洲，就需要了解非洲不同经济共同体之间的区域优惠政策；若销往美国，需熟悉《非洲增长与机会法案》（AGOA），它主要涉及纺织和木材业，要求提供元素证明；若销往欧洲，应了解 EBA（European Banking Authority，欧洲银行管理局）政策，即欧盟对除武器与弹药以外的所有产品给予的免税政策；若销往中国市场，则需了解该非洲国家与中国之间的双边优惠贸易协定，确认在非洲缴纳的税费是否可以在中国获得减免，这一点对企业来说非常重要。

第四，社会文化。非洲是一个文化多元化的大陆，拥有不同的语言和宗教信仰。我们必须尊重非洲当地的文化习俗，不能简单地以中国人的管理模式和思维方式去管理。

尊重当地文化，适应当地环境，是企业在当地成功经营的基础。

主持人：接下来想请教一下陈莉总，请您分享一下您的建议。

陈　莉：对于计划和已经出海落地泰国的中国企业，我想提供几个风险方面的小提示。

第一，地缘政治风险。与欧美地区相比，泰国的地缘政治风险较低。泰国与中国一直保持着良好的外交关系，政局稳定。尽管偶尔会出现红衫军、黄衫军等抗议活动，但并不影响民众日常生活经济的正常运转。泰国的经济命脉主要由几大华人家族掌控，这些家族对华友好。因此，无论过去、现在还是将来，泰国与中国的关系预计都将保持稳定，企业不必担心地缘政治风险。

第二，原材料供应。在出海泰国之前，除了了解泰国的政策优惠之外，企业应了解当地是否有足够的资源满足其原材料需求。泰国农业非常发达，如果需要橡胶、木薯等原料，供应非常充足。例如，我们工业园内的医药和食品添加剂企业需要用到木薯粉等原材料，都能在当地轻松找到所需原料。因此，企业在出海之前，应进行市场调研和原材料成本分析。

第三，劳动力资源。泰国的劳动力水平相较于东盟其他地区较高，受教育程度也普遍较高。尤其是我们工业园处于泰国经济比较发达的东部，又靠近劳动力资源丰富的东北部，劳动力成本相对较低。

需要注意的是，即便上述这些风险几乎不存在，企业在泰国运营时仍可能面临其他风险，例如汇率风险。1997 年我刚到泰国时，就遭遇了金融危机。那时，由于索罗斯的干预，泰铢瞬间暴跌，几乎贬值了一半。这种情况是无法预料的，对于有些企业来说可能是灾难性的。但我相信泰国的金融市场相对成熟，通过我们的工业园，企业可以与当地金融机构和银行建立联系，在贷款和融资方面获得支持。

对于已经进入泰国市场的企业，必须遵守当地的法律法规。虽然泰国与中国在文化和习俗上有很多相似之处，但法律体系是不同的。泰国的法律制度也很完善，企业可以在当地聘请知名的律所作为法律顾问，或者咨询我们园区的法律团队，我们提供中文服务，帮助企业确保在法律方面合规。

主持人：最后，我们请张楠总做一个总结。结合优投网的企业服务经验，您能否为“走出去”的中国企业提出一些建议？

张　楠：从我们服务企业的经验上来看，企业海外投资前应该做好几项关键考察。

第一，商务考察。考察投资国的整体营商环境和融资可能性。比如，若该国是一个旅游型国家，当地用工市场是否能够满足需求，因为当地大部分年轻人可能更倾向于从事旅游相关行业，而非生产线和流水线工作。这点对于劳动密集型企业来说尤为重要。

第二，产地证的可行性。很多企业海外投资的原因可能是迂回进入国际市场，将产品标签从“中国制造”变成“当地制造”，这可能涉及形态改变或增值要求，从而带来新的挑战。在这种情况下，企业在投资之前，应委托会计人员进行专业测算，以确保工厂建成后能够顺利生产，避免出现虽然产品在地理上产自投资国，但因形式无法获得产地证而被视为“中国制造”的困境，这是我们过去在服务企业时所遇到的一个实际问题。

第三，市场调研。许多企业在进行市场调研时，可能主要关注自己所在的行业是否容易在目标国家经营，以及生产的产品是否能够被该国市场消化。然而，在服务企业的过程中我们发现，很多企业将 Marketing Report（市场调研报告）与 Entry Assessment（市场进入评估）混为一谈。实际上，在进入一个国家之前，应该先进行全面的市场进入评估，而不仅仅是简单的市场调研。

第四，尽职调查。无论是绿地投资还是其他投资，都应对购买的土地性质进行调查，确认是农业用地还是工业用地。此外，在进行并购时，对合作伙伴及股权投资伙伴进行尽职调查也是必不可少的。这些是企业在前期必须完成的工作。

除此之外，我们建议企业在进行海外投资时，应充分利用风险防范工具，并充分发挥园区的优势。尽管许多企业可能会因为成本较低而选择在园区外进行海外投资，但我们必须认识到，国外的合规流程要求较高，且更为严格。一些中资企业可能会觉得国内外的投资申报流程烦琐，但忽视合规性可能会带来严重后果，甚至导致前期所有投资都打水漂。因此，我们建议企业不仅要充分利用园区提供的资源和优势，还应考虑使用如中信保等保险工具，以确保投资安全，规避不必要的风险。

沈总在致辞中提到，商务部最近建议将企业海外投资的风险评估交由第三方机构来执行。优投网就是这样的第三方机构，我们不仅整合了 304、泰达等专业园区资源，还与 106 个驻外使领馆建立了合作关系。此外，我们还发展了“一带一路”共建国家的服务商网络，包括律师事务所、会计师事务所等。通过将所有服务资源整合到我们的平台上，帮助企业在事前解决海外投资的相关风险。这也是优投网创立的初衷，在企业海外投资之前做好风险预防，而不是等到投资后再寻找解决方案，那时可能为时已晚。我们始终坚持建议企业做好充分的风险防范，这也是优投网一直坚持的价值观。

主持人：感谢各位的精彩发言。今天我们进行了三轮深入的讨论，涉及中国企业海外投资的现状、机遇以及建议，各位嘉宾都做了非常精彩、细致且诚恳的解答。再次感谢各位！

面对未来的海外投资之路，虽然充满挑战，压力重重，但正如诗人海子在诗中所说：“永远是这样，风后面是风，天空上面是天空，道路前面还是道路。”李白也曾说：“何处是归程？长亭更短亭。”这表明中国企业“走出去”注定只有进行时，没有完成时。我们对外投资的道路上一定充满不断的挑战和惊喜。

当然，这条路上不只有挑战。正如电视剧《繁花》中，爷叔说过一段很著名的话：“美国帝国大厦从一楼爬到顶楼需要一个多小时，但是从顶楼跳下来落地只需要 8.8 秒。”这提醒我们，在“走出去”的过程中，中国企业必须时刻保持警惕，如履薄冰，步步为营，才能真正实现平平安安、硕果累累。

我们期待，在各方的共同努力和支持下，中国企业在“走出去”的过程中能够有更多的能力、实力和定力，收获累累硕果。

扫码观看　演讲视频

第 4 部分

2024 全球救援服务论坛主题演讲及圆桌对话

4.1　中国公民“走出去”救援服务体系建设的时代要求

摘要：当前中国公民“走出去”人数多、目的地分布广、安全风险因素复杂、救援需求日趋增多等特征显著，国家领事保护部门所处理的案件也呈逐年上升趋势，传统的救援服务已经很难完美解决中国公民在“走出去”中所遇到的各种问题。因此，在传统救援机制的基础上，探索建立一个能够提供全方位风险管控工具和实现一揽子综合服务的新型平台化的全球救援体系，是时代发展的客观需求。

我今天跟大家分享的内容是中国公民“走出去”救援体系建设的时代要求。在进入主题之前，我想先跟大家分享几组数据，这些数据来源于外交部全球领事保护系统。

2014 年，外交部开通了“全球领事保护与服务应急热线”，简称 12308 热线。自开通以来至 2023 年，12308 热线累计接听了超过 300 万通来电。2013—2019 年，外交部领事司平均每年处理的领事保护与协助案件超过 74 000 件。2020—2022 年受疫情影响，该数据忽略不计，到了 2023 年，外交部记录的领事保护与协助案件数量为 73 172 件。

大家可能会想，2023 年领事保护案件的数量与之前相比是不是下降了？实际上，情况并非如此。如果我们考虑到“走出去”的中国公民人数，就会发现案件处理的比率反而有所增加。2023 年中国公民“走出去”的数量与 2019 年高峰期相比减少了约一半，但是领事保护案件的数量几乎与之前持平，这反映出 2023 年领事保护部门所处理的案件比例有所上升。

这说明中国公民在“走出去”的过程中，面对的是一个非常复杂的外部环境。那

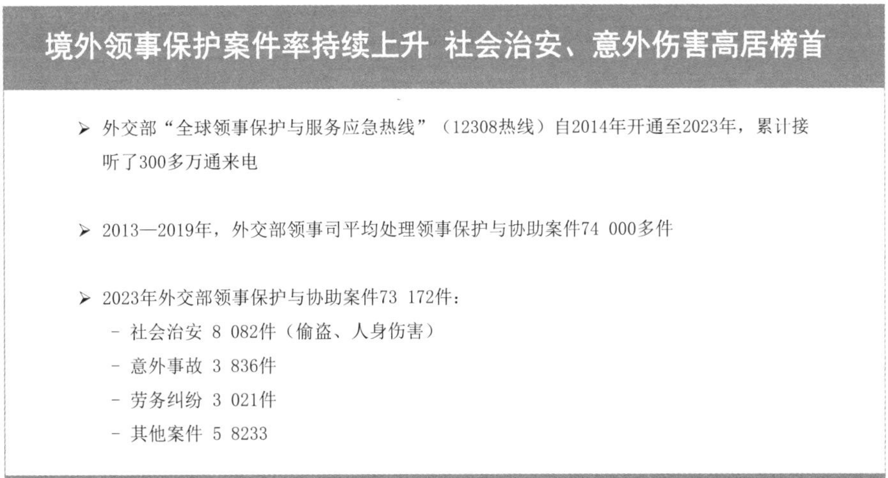

是不是说，如果我们在“走出去”的过程中遇到了问题，可以寻求驻外使领馆的帮助，或者通过购买旅行保险来满足需求呢？这些想法是正确的，但并不全面。首先，外交部领事保护部门确实有责任为中国公民提供领事保护，但是从领事保护的角度来说，它的职责和法律权限都是有明确边界的。有些事情领事馆可以做，而有些事情可能超出它的职责范围。其次，传统的旅行保险主要提供意外伤害和疾病等常规救援服务。但在当前这个时代，中国公民“走出去”所面临的是一个更加复杂的环境，传统的救援服务已经很难完美解决现在中国公民“走出去”所遇到的各种问题。

当前中国公民“走出去”有以下几个时代特征。

第一，人数众多，并连续多年保持世界第一。从下列图表中可以看出，从 2016 年到 2019 年，中国的出境人次持续增长，2019 年达到了 1.55 亿人次，位居全球第一。尽管疫情防控期间这一数字出现了大幅下滑，但到了 2023 年，随着疫情管控的结束，出境人数快速恢复到疫情前的一半以上，预计到 2024 年出境人次将达到 1.3 亿。

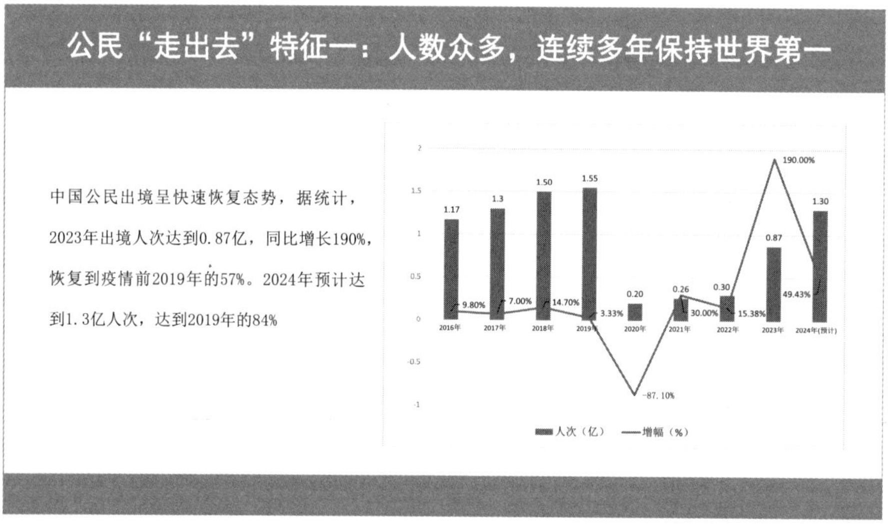

第二，目的地分布广泛。目前，中国已与 144 个国家和地区签署了“中国公民自费出境旅游目的地协议”。自 1999 年与澳大利亚签署首个协议以来，至今已扩展至 144 个国家。这一数据仅包含团队出境旅游，而中国公民自费以散客形式出境的数字并未包括在内，应该比 144 个国家更多。此外，中国还与 152 个国家签署了“一带一路”共建协议，促进了投资和商务活动的大幅增加，包括劳务输出。根据商务部的统计数据，2023 年 1—11 月，劳务输出人数达到 57 万。同时，有 59 个国家对中国普通护照持有者提供免签或落地签待遇。最后，很多年轻人倾向于选择非主流或偏远地区作为旅游目的地，并参与高风险旅游项目。这体现了中国公民赴境外旅游或商务活动的目的地选择非常广泛。

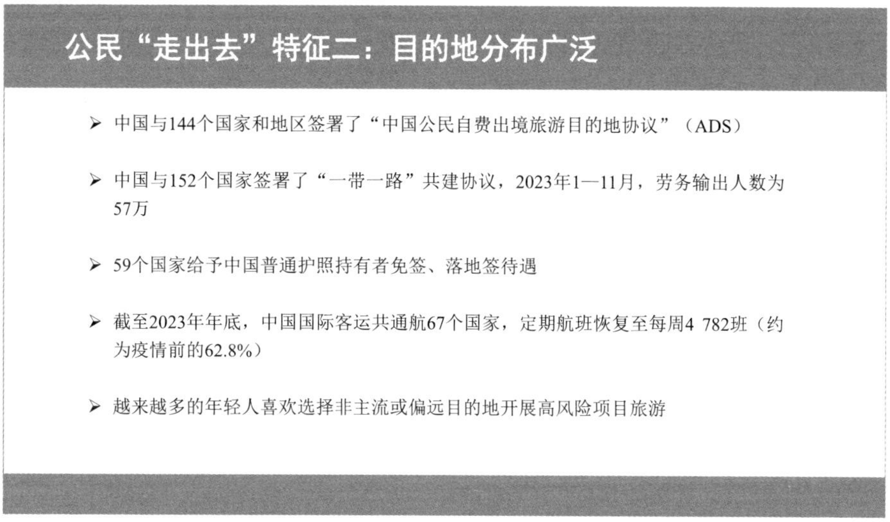

第三，我们所面临的安全风险因素更加多元和复杂。这些风险包括政治安全风险、卫生健康风险、社会治安风险、安全生产风险、交通安全风险以及其他风险。通过新闻可以看到，海外交通事故或安全生产事故屡见不鲜。

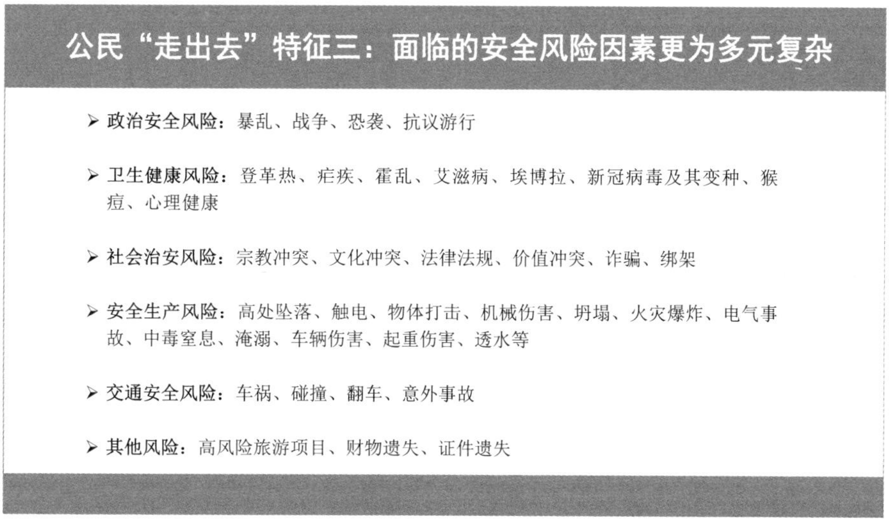

第四，复杂性海外救援和救助需求日趋增多。影响海外救援的因素非常多，包括当地法律法规、宗教因素、经济发展水平、交通可达性以及医疗水平。不同国家的基础设施和医疗设施水平参差不齐，有些国家的这些条件尚未达到理想水平。众多因素叠加，使得海外公民一旦遇到问题，实施救援的难度或者成本可能都非常高。例如，如果一个公民在非洲需要紧急航空转运，费用可能高达 150 万～200 万元人民币，这是一个相当高的数额。

公民“走出去”特征四：复杂性海外救助/救援需求日趋增多，救援服务成本高

- 安全动态
- 当地法规
- 风俗宗教
- 医疗病情
- 距离
- 交通工具
- 医疗水平
- 救援触达

导致高额救援费用 →

- **医疗包机**
  非洲—中国：1 500 000 ～ 2 000 000元
  东南亚—中国：500 000 ～ 900 000元
- **医疗团队**
  普通医疗人员：6 000～10 000元/（天·人）
  ICU 医疗团队：15 000～30 000元/（天·人）
- **民航机票**
  经济舱：2 000 ～ 30 000元/单程
  公务舱：10 000 ～ 50 000元/单程
- **身后事处理**
  100 000 ～ 2 500 000元不等

在新的时代背景之下，我们需要探索如何在传统救援机制的基础上建立一个新型的全球救援体系，以满足时代发展的需求。这既是现实的迫切需求，也是党和国家对于中国公民“走出去”战略的具体要求，即建立一个海外安全保护体系。习近平总书记已就此多次做出指示，并且在党的二十大报告中也特别明确了这一要求。

进一步完善中国公民“走出去”全球救援服务体系，既是响应党中央的号召，也是中国公民“走出去”的时代要求

- 习近平总书记多次强调，要加快构建海外安全保护体系，保障我国在海外的人员、机构安全和合法权益
- 党的二十大报告指出，要加强海外安全保障能力建设，维护我国公民、法人在海外的合法权益
- 中国连续多年保持世界第一大出境旅游客源国地位
- 中国公民“走出去”所面临的安全风险和威胁越来越多、越来越复杂

在新时代背景下，我们所要构建的救援服务体系至少应实现两大功能：一是全方位的风险管控；二是一揽子、综合性的服务平台。

风险的存在具有必然性，这是其本质特征。风险管控本身就是最佳的救援手段。我们要尽量通过预先防控来降低风险发生的概率，这是最有效的救援。当然，由于风险的固有必然性，我们无法100%地规避风险。风险发生后，我们需要有一个全面的服务体

系，能够提供全方位的救援服务，包括能够联结本土综合服务资源、拥有多方联动的救援服务平台，遵循统一的服务操作规范，融合公共医疗和商业救援的协同服务，并采用人工智能技术，确保能够 24 小时做出快速反应。

构建既能为“走出去”人员提供全方位风险管控，又能提供一揽子综合服务的平台化救援服务体系

- 提高风险识别能力
- 加强风险分析能力
- 做好风险防范预案及演练
- 做好风险管控解决方案（可保和不可保）
- 完善应急救援预案
- 联结本土综合服务资源

- 多方联动救援服务平台
- 统一服务操作规范
- 加强公共医疗+商业救援协同
- 人工智能加持
- 24小时全球响应

在建立这样一个救援服务体系时，我们一定要一切从风险出发，构建一个全球化、平台化的综合救援安全保障服务体系，让中国公民“走出去”更安全、更安心，行稳致远。

演讲人：熊山华（民生智库副总裁）

扫码观看　演讲视频

4.2 创新安全救援服务的实践探索

摘要：随着国内市场的快速发展和消费者需求的多元化，旅游市场呈现出了更加丰富的体验形式和新兴业态，这对景区的安全管理提出了新的挑战。对此，应积极构建"防、保、救、调、赔"五位一体的综合救援安全保障体系，不仅要进行风险识别与风险预防，还要构建纠纷调解机制和应急救援体系，最大限度地保障企业生产经营及游客的安全。

今天，我将围绕"景区安全管理的创新实践"这一主题，和大家一起来探讨在当前旅游大发展的背景下，我们如何有效地提高景区救援的时效性，确保旅游安全，促进旅游业的健康发展。

近年来，随着人们生活水平的提高，消费者的需求日益多样化，旅游迎来了空前的发展。特别是在2024年的《政府工作报告》中，文化和旅游发展受到了高度重视。

从2019年至2024年，《政府工作报告》连续强调了要扩大文旅消费：从2019年推动消费稳定增长到2020年推动消费回升，再到2021年稳定和扩大消费，2022年推动消费持续复苏，以及2023年着力扩大国内需求，尤其是2024年的报告更加聚焦于促进消费稳定增长和培育壮大新型消费，涵盖了数字消费、绿色消费、健康消费等多个方面，并特别强调了文化旅游新消费的增长点。根据文化和旅游部的测算，2023年国内出游人次达到48.91亿，同比增长93.3%；国内游客出游总支出达到4.91万亿元，同比增长140.3%。由这些数据我们可以看出，文旅消费已经成为拉动内需、促进经济发

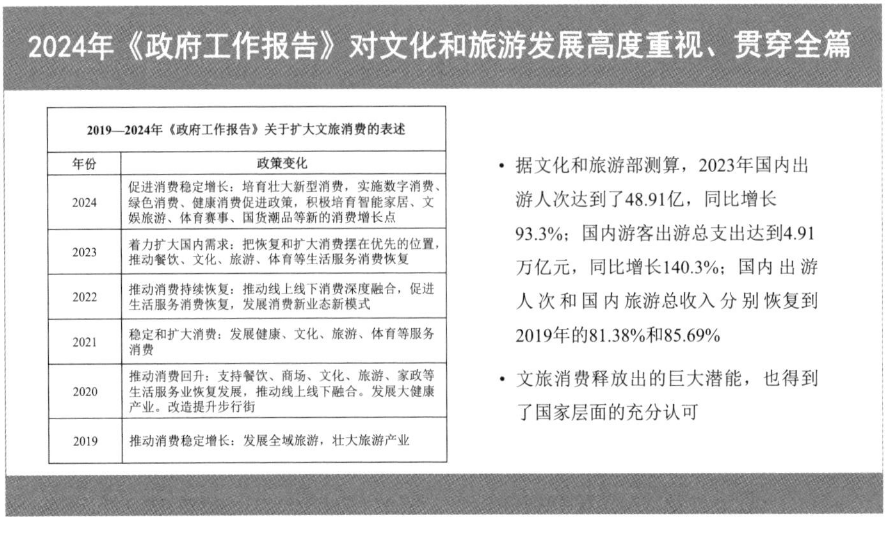

展的重要力量。

随着国内市场的快速发展和消费者需求的日益多元化，旅游市场呈现出更加丰富的体验形式和新兴业态。从“特种兵式打卡旅游”到“盖章式旅游”，从演唱会旅游到“博物馆热”和“寺庙热”，再到非常火爆的“进淄赶烤”“村超、村 BA”，以及西安的“国风国潮”等地方性特色旅游项目的兴起，无不反映出市场的活跃度和多样性。与此同时，这些新玩法、新场景为景区的安全管理提出了新的挑战。在自媒体时代，消息发酵传播非常迅速。有时，甚至在主管人员还未得知的情况下，通过抖音、小红书等平台，消息已经向世界各地传播出去了。在这种情况下，对旅游安全提出了更高的要求。

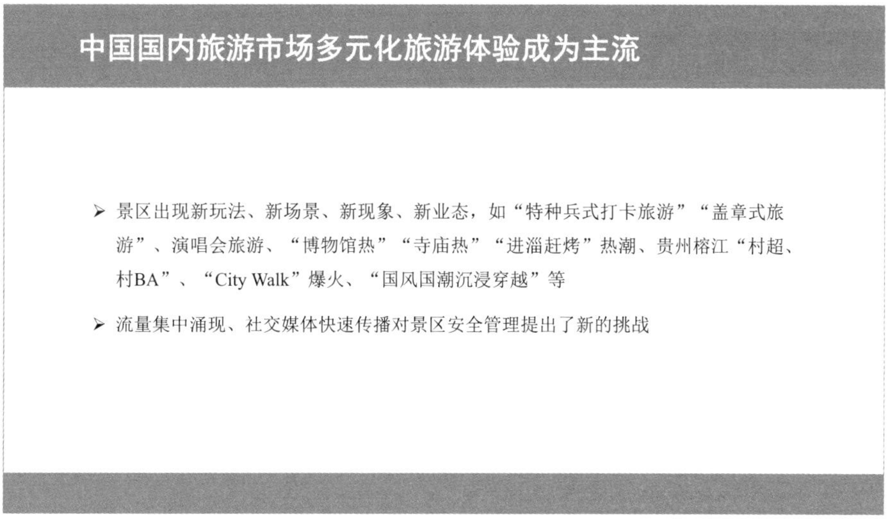

让我们来看一下某省 2024 年第一季度旅游投诉的数据。数据显示，旅游景区的投诉率排在第一位，占比达到一半。紧随其后的依次是旅行社、旅游住宿、旅游餐饮、旅游购物。具体到投诉问题的分布，景区内的安全秩序问题占 9.16%，其中 A 级景区投诉量最高，排在第一位，其次是非 A 级景区以及一些星级酒店。这些数据反映出旅游安全问题直接影响游客满意度和目的地口碑。

传统的安全保障更多关注事后处理和第二现场医疗救援服务，这显然已无法完全满足目前救援市场的需求。举例来说，2023 年 10 月 1 日，在海宁盐官的观潮胜地公园发生了游客受伤事件。2023 年 12 月 24 日，上海迪士尼乐园的“热力追踪”游乐项目也发生了事故。这两起事故都暴露出我们在预防监控和纠纷调解机制方面的不足，这些都是我们需要进一步完善和加强的地方。

针对上述挑战，我们提出并实施了“防、保、救、调、赔”五位一体的安全保障体系。这一体系涵盖了安全管理的各个环节：“防”包括游客安全提醒、急救物资和急

旅游安全直接关系到旅游业的健康稳定发展

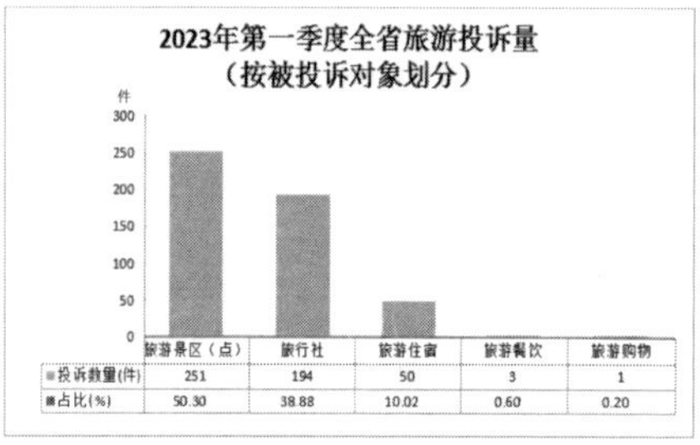

景区的口碑影响热度和满意度

投诉对象类型		投诉问题	投诉量（件）	占比（%）
旅游景区（点）	A级景区	服务质量	128.00	51.00
		管理	63.00	25.09
		安全秩序	23.00	9.16
	非A级景区	质量	21.00	8.37
		管理	14.00	5.58
		安全秩序	1.00	0.40
	乡村旅游点	质量	1.00	0.40
旅行社		违反合同	104.00	55.32
		涉嫌违法违规	79.00	42.02
		带团导游和领队	10.00	2.13
		其他	1.00	0.53
旅游住宿	非星级酒店	质量问题	23.00	46.00
		管理问题	2.00	4.00
		安全问题	1.00	2.00
	星级酒店	质量问题	5.00	10.00
		安全问题	2.00	4.00
		管理问题	1.00	2.00
	民宿	质量问题	6.00	12.00
		管理问题	3.00	6.00
	客栈	质量问题	5.00	10.00
		管理问题	1.00	2.00
		安全问题	1.00	2.00
旅游餐饮		服务质量	2.00	66.67
		价格问题	1.00	33.33
旅游购物		服务质量问题	1.00	100.00
合计			499	

某省份2024年第一季度旅游投诉按问题分布

传统安全保障服务专注于事后及第二现场的医疗救援服务存在局限性

➢ 预防监控不足

2023年10月1日，在海宁盐官观潮胜地公园内，钱塘江潮水冲上景区占鳌塔东侧海塘，冲倒护栏25米，有人员受伤

➢ 纠纷调解机制需完善

2023年12月24日，在上海迪士尼乐园“热力追踪”项目中一名儿童跳车被撞，纠纷未妥善处理，引发舆论

救培训、应急演练以及应急预案；“保”就是保险方案设计，以及定期优化升级；“救”就是现场急救、医疗转运、医疗费垫付；“调”就是调解，我们引入了人民调解机制，第一时间化解纠纷；“赔”就是快速地赔偿。这五个方面共同构成了一个全面的安全保障网络，旨在实现行前预防、行中监控、事发处理和事后处理。

在实践探索中，我们特别强调风险识别和预防。例如，我们编制了《黄果树风景区安全评估报告》和《云丘山风景区安全评估报告》，通过专业的风险排查和人流密集区配置应急救援设备，有效降低了安全事故发生的概率。此外，我们还致力于让保障更丰富，让保险更保险。通过救援应急培训和意外保障方案优化，我们提高了保险的实际效用。在现场救援、医疗纠纷和保险理赔方面，我们引入了一键救援、医疗押金垫付、

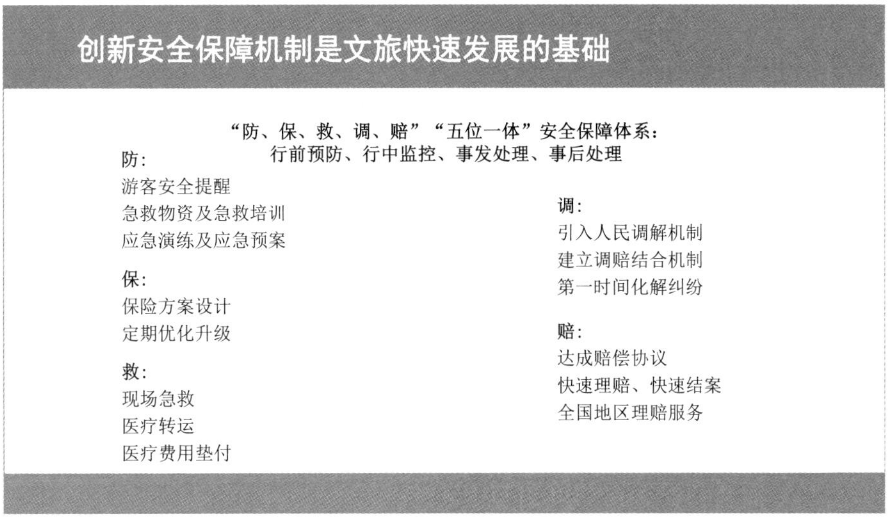

事故赔偿第三方调解等服务，加快了事故赔偿流程，有效地避免了事故进一步升级。面对全球旅游市场，我们还搭建了智能化的全球实时风险+救援监控平台，扩大了医疗救援的覆盖范围，确保了全球范围的游客安全。

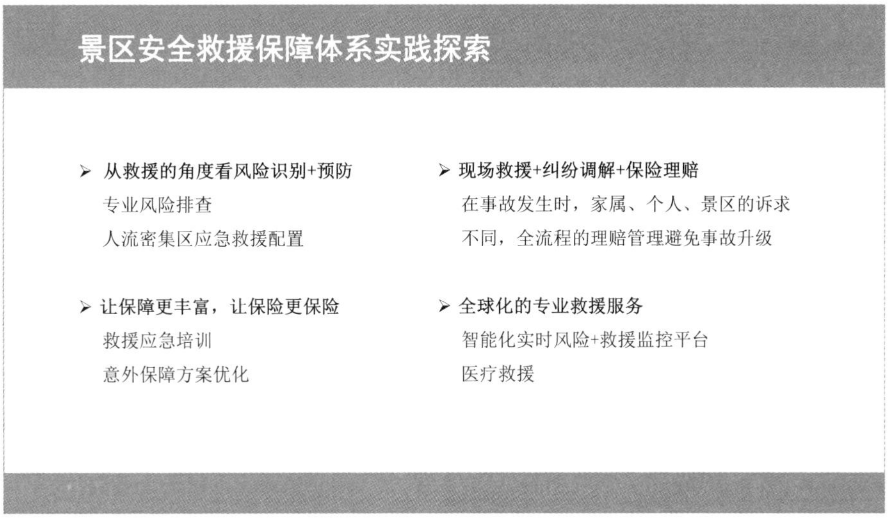

综上所述，我们通过旅游六要素“吃、住、行、游、购、娱”中的“游”入口，积极构建“防、保、救、调、赔”“五位一体”的综合救援安全保障体系。我们不仅强化了风险识别与风险预防，还构建了高效的纠纷调解机制和应急救援体系，最大限度地保障企业生产经营及游客的安全。正如我们所强调的，没有安全就没有旅游，旅游是经济，安全是底线。一个完善且健全的综合救援安全保障体系是世界级景区的必备基础。我们希望通过今天的分享，能与在座的各位一起探讨和交流，共同推动旅游安全管理的创新和发展，为旅游业的健康稳定发展贡献我们的力量。

完善健全的综合救援安全保障体系是世界级景区的必备基础

抓住“吃、住、行、游、购、娱”中的“游”入口，积极构建“防、保、救、调、赔” “五位一体”的综合救援安全保障体系，有效进行风险识别、风险防范、风险转嫁并构建高效的纠纷调解机制、应急救援体系，最大限度保障企业生产经营及游客安全。让旅游安心，让旅游经营者放心。

没有安全就没有旅游！

旅游是经济，安全是底线！

演讲人：王瑛（海南旅游安全协会秘书长）

扫码观看　演讲视频

4.3　构建为入境人员提供本土化救援的服务体系

摘要： 2023 年进入中国旅游的外国游客超过了 8 000 万人次，随着签证政策的便利化，未来会有更多的外国人来华旅游、就医或探亲。但是，不少来华的外籍人员面临语言障碍以及医疗、出行、人文等方面的不便，亟须一个能为入境人员提供 24 小时全方位服务的本土化综合救援服务平台，以“线上科技+线下服务”的方式，帮助他们解决语言、住宿、旅游、支付等各种问题。

我是一位来自哈萨克斯坦的外籍人士，在中国生活和工作已经超过 20 年。我就职于和睦家医疗集团，我们为在中国居住或来华旅游的外国人提供医疗服务。作为一名医疗行业的从业者，我不仅有幸见证了中国医疗行业的蓬勃发展，也深刻体会到了作为外国人在中国生活和工作的种种挑战。今天，我将以一个外国人的身份，与大家分享我在中国生活的一些观察与思考。

首先，我想和大家分享一个数据。在中国生活多年，我亲历了非典和新冠疫情等重大公共卫生事件。近年来，我观察到来中国接受医疗服务的外国患者数量有了显著增长。2023 年，来华的外国游客超过 8 000 万人次。中国政府进一步鼓励外国人来华，包括外籍患者，并为他们提供了很多便利措施。2024 年，中国还扩大了免签国家名单。我的祖国哈萨克斯坦 2023 年开始享受免签待遇，我的家人终于可以方便地来华探望我。

此外，中国境内的支付方式也变得越来越便捷，这对于来华就医的患者来说是一个极大的便利。银联支付和微信支付等支付平台进行了多项优化，方便海外人士在中国消

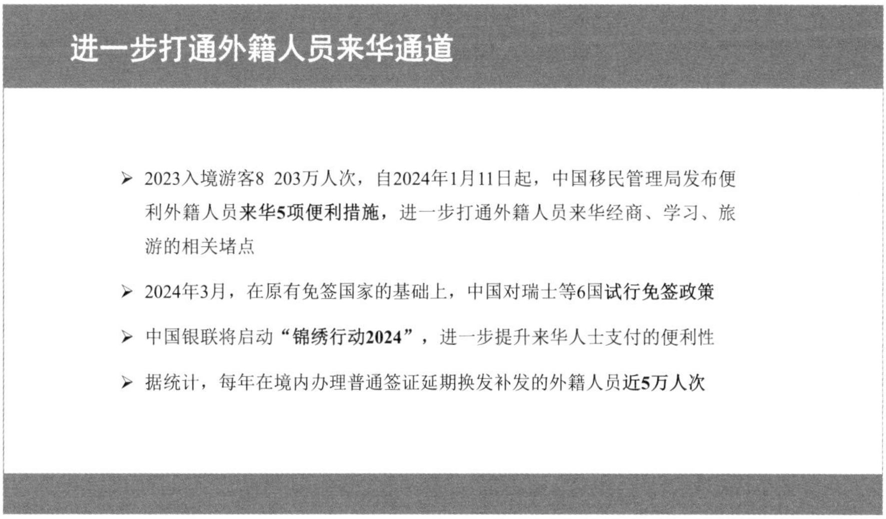

费，这大大提升了外国患者在中国的生活和就医体验。

然而，尽管技术的发展为我们的生活带来了诸多便利，但语言、文化和生活习惯等方面的差异仍然是我们无法忽视的挑战。我是中文系硕士毕业，但 20 年前，我初次来到中国时，我才意识到自己对中文的掌握还非常有限。现在很多人会选择使用翻译软件来克服这一障碍。以我的丈夫为例，尽管在中国生活了很长时间，但是他的中文水平仍然有限，不得不依赖翻译软件来进行日常沟通。这确实是一种有效的解决方案，但并非所有人都能迅速掌握这种手段。

在医疗领域，这种挑战尤为明显。尽管在北京、上海、广州、深圳等大城市有提供双语服务的私立医院或国际部，如协和医院和中日友好医院，但在偏远地区，外国人就医时的语言障碍尤为突出。他们不知道如何挂号看病，如何向医生准确描述自己的症状。此外，外国人在中国寻找医疗机构时也存在困难，因为像他们惯用的 Google（谷歌）这样的搜索引擎在中国根本无法使用。

除了语言挑战外，文化差异同样是一个不容忽视的问题。这些差异涵盖了从饮食习惯到生活方式的各个方面，每一个细节都可能对初来乍到的外国人构成挑战。例如，我本人非常喜欢辣和油，但中国菜的辣度和油量远远超出我的预期。

在日常出行方面，尽管我可以看懂中文，但是面对中文 App（手机应用程序），我仍然感到非常困惑。比如，我曾尝试通过 App 预约公立医院的挂号服务，但没有成功，甚至至今也没有学会如何在线挂号。在线购票的经历也颇为类似。当亲戚朋友来访时，我尝试使用微信小程序购买故宫门票，但同样未能成功。还有一次，我们计划游览长城，面对在线购票界面上的两个不同入口，由于不明白它们的区别，我最终只能选择现场购票。

外籍人士在华工作、留学、旅游等面临诸多不便

由于受政治、文化、风俗习惯、生活习惯等各方面影响，入境外籍人士面临各种不便

- **语言障碍：**体现在生活、出行、学习、政务办理等方方面面
- **医疗体系：**由于语言沟通、医疗方式、医院文化、管理机制及医院保险等诸多因素，外籍人士在中国的多样化、个性化医疗需求没有得到满足
- **出行：**如出行中突发疾病/意外伤害应急救援服务体系不同，境外卡支付问题、景区预约等
- **人文：**中国地大物博，各地文化、风俗习惯不同，人文环境差异较大

这些问题在外籍人士中并不少见，有些虽然看似是小问题，实际上对于不熟悉中国的游客来说，却可能造成诸多不便。他们可能需要花费大量的时间和精力去克服这些差异，但对于短期来华的游客来说，这无疑是一项艰巨的任务。

为了解决这些问题，我们提出了构建“走进来”本土化综合救援服务体系的构想。这一体系包括 24 小时综合服务响应平台、出行安全信息预警、联动应急及商业救援服务体系等，旨在为外籍人士提供全方位的支持和服务。

作为一个国际化的医疗机构，和睦家医疗集团需要为来自不同国家的患者提供服务，虽然我们配备了多语种的就诊服务，但仍无法覆盖所有国家的语言。目前，我们引入了在线语言翻译服务，患者可以通过电话获取帮助。即使如此，我们也无法完全解决就医过程中的语言障碍问题，因为医疗翻译是一个高度专业化的领域。

因此，我们真正需要的是一个可以提供 24 小时全方位服务的平台，除了翻译服务，还包括医疗咨询、门票预订、饭店预订等，为在华的外国人提供一个真正的一站式解决方案。

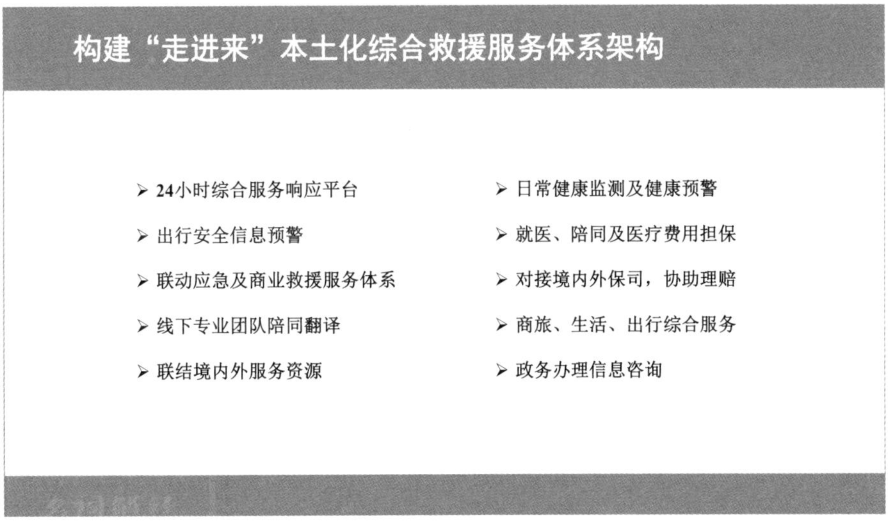

科技的发展为我们这一构想的实现提供了新的可能性。众所周知，疫情之前线上会议并不普及，但如今在线会议平台已经成为我们生活中不可或缺的一部分。尽管如此，我们仍然能发现当下科技应用中的一些不足，以我为例，在工作中我为了与全球范围的保险公司和救援公司沟通与合作，不得不在电脑里安装了 7 种不同的会议 App，包括 Teams、腾讯会议、Zoom 等，且并非所有 App 都能直接使用中国的账号进行下载，这在实际使用中存在诸多不便。因此，如果能有一个统一的标准化平台，将极大地便利我们的日常沟通。同理，对于在线服务平台，我们也应该充分考虑它们的兼容性与易用性，并充分利用大数据、云计算、物联网和人工智能等技术进一步提升服务体系的智能化和精准度。

科技赋能平台化综合救援服务体系建设

- **大数据分析技术：** 对海量数据进行深度挖掘，为决策提供科学依据
- **云计算技术：** 实现数据资源的高效整合与共享，提高救援效率
- **物联网技术：** 通过智能设备实现远程监控、实时定位等功能，提升救援智能化水平
- **人工智能技术：** 应用于预警预防、应急响应等环节，提高救援精准度和自动化水平

除了综合的线上服务平台，线下服务也同样重要。我们还需要一个可以提供标准化服务的大众化解决方案，不仅包括传统的面对面看诊服务，还应包括挂号、翻译等线下陪同服务。这种服务不应仅局限于某一环节，而应是一个覆盖全流程的综合解决方案。

在救援服务方面，尽管我对中国的语言和文化有一定了解，但当我身处偏远地区时，对于如何选择合适的医疗机构或如何就医仍然感到迷茫。如果在这些地区也能获得可靠的救援服务，无疑会给人们带来极大的安全感。我们不仅需要可靠的救援服务，更要知道如何找到并启动这些服务。

“走进来”综合救援服务体系平台化瞻望

- **服务人群：** “走进来”企业、外国企业员工/家属、“走进来”个人（旅游、商务、探亲、留学）
- **服务内容：**
  - **构建综合服务平台：** 平台24小时中英双语客服、提供各类信息咨询，服务平台化
  - **线下陪同服务体系：** 当地懂英文的医疗人员、翻译人员、星使团队提供各类线下陪同服务
  - **联结境内外本土化资源：** 借助联盟，构建境内外本土化的综合服务资源，平台响应及服务透明化
  - **提供综合救援服务：** 提供涉及日常健康管理、医疗救援、商旅援助、日常生活及出行的一体化全方位综合服务

支付习惯也是一个值得关注的问题。在中国，微信支付和支付宝等移动支付方式已经非常普及，但外国人在中国使用时可能会遇到障碍。两年前，我的朋友因为没有微信，而且微信没有办法连接到海外银行卡，导致他在支付时遇到了困难。这提醒我们，我们需要为外国人提供一个更加便捷的支付解决方案。

此外，我们还注意到，随着中国对外开放程度的不断提高，越来越多的中国人开始走出国门，到世界各地旅游、学习和工作。他们同样面临着语言和文化差异的挑战。因此，我们也希望建立一个综合性的平台，不仅服务于在中国的外国人，也服务于出国的中国人。

总体而言，今天我以一名外国人的身份分享了外籍人士在华旅游或生活可能会遇到的各种挑战。我们希望可以有一个综合性的服务平台，整合各种资源和服务，并充分利用科技的力量，一站式地帮助在华外国人解决语言沟通、医疗服务、旅游预订、在线支付等问题。这样的平台不仅对在中国的外国人有帮助，对需要出国的中国人同样意义重大。

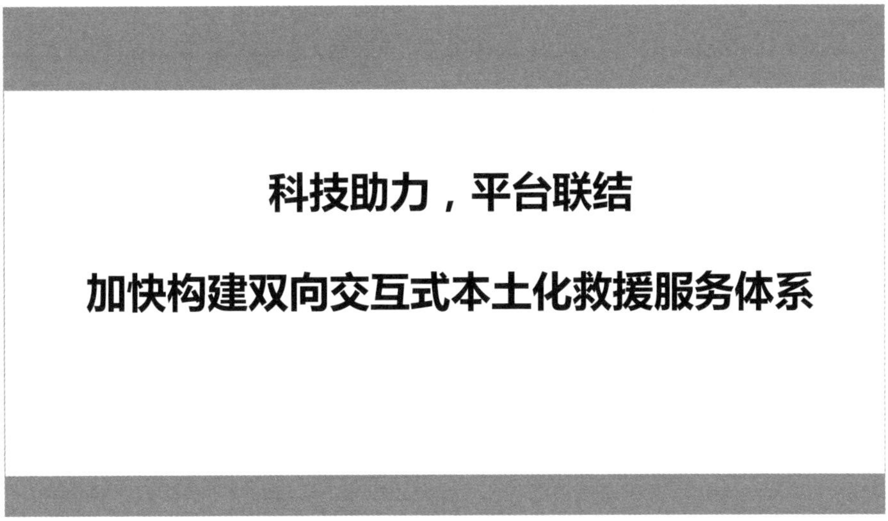

演讲人：司伟塔（和睦家医疗集团网络总监）

扫码观看　演讲视频

4.4　圆桌对话：满足出行救援服务的共性需求和个性化要求

对话嘉宾：

全球留学平台——海邦汇董事长　孙　翔

赛瑞思国际安全咨询（北京）有限公司业务总监　赵新月

辽宁康辉国际旅行社副总经理　王翔宇

全球华人招聘求职平台——外聘网总经理　刘　倬

全球救援平台——大救星副总经理　杨婧芳

江泰全球救援联盟副秘书长　常美玲

主持人：本次圆桌论坛将分为两部分。第一部分，我们将聚焦目前全球救援领域出现的一些新的风险点和需求，这些变化与国际关系和全球经济走势紧密相连。我们希望听取各位专家对于2024年以及2025年的预测，讨论我们所面临的新需求和新变化，并探讨需要做出哪些相应的调整。第二部分，我们将基于这些新需求和新变化提出相应的对策和解决方案。

接下来，我们将开始第一轮的交流。请各位专家首先简要介绍一下自己的从业经历，并就这一话题进行分享。

首先，我们邀请辽宁康辉国际旅行社副总经理王翔宇先生，请问对于当前在救援领域的新变化，是否存在一些我们尚未注意到的空白和盲点？

王翔宇：首先，非常开心受邀参加这次救援盛会，这不仅是一个思想交流的过程，更是一次宝贵的学习机会。同时，我要特别感谢江泰多年来对于我们公司及集团的大力支持与保障。我来自辽宁沈阳，也借此机会为沈阳文旅发声，沈阳拥有著名的“一宫两陵”、独特的早市文化和鸡架文化，欢迎大家到沈阳去玩。

后疫情时代，旅游出境产品发生了显著的变化。与疫情前相比，团队游的比重已大幅减小，而自由行成为主流。自由行的最大特点是游客拥有更大的自主性，我们作为服务提供者对游客的把控性有限。在团队游中，我们有领队和地接导游全程提供服务，能够迅速响应客户的需求。然而，自由行的客户服务主要集中在签证、预订酒店或者是大交通如机票预订等方面，其余行程则完全由游客自行安排，这无疑增加了风险。比如，当地的交通选择，无论是租车、打车还是使用当地特有的交通工具，如东南亚国家的摩托车，都可能存在安全隐患。此外，饮食安全也是一个问题，自由行游客可能选择夜市而非去团队餐厅就餐，这同样可能带来健康风险。由于自由行游客需要自己保管证件，而不再有领队的提醒和帮助，因此存在证件管理的风险。除此之外，语言障碍也是一个不容忽视的问题，尤其是在沈阳人青睐的主要旅游目的地，如日、韩、泰、蒙等非英语国家，这些国家的英文水平普遍不高，给后疫情时代旅游救援带来了新的挑战和课题。

主持人：接下来，我们想请教下海邦汇董事长孙翔先生。近年来，留学生展现出两方面的变化。一方面是国人心态的变化，倒退 20 年或 30 年，留学生被视为精英一族，学习非常拔尖，去国外留学和进修是为了追求更高水平的教育。但是，现在国人对留学的看法变得复杂。尽管仍有一批非常优秀的学生选择去国外，以接受更好的教育，不可否认，留学质量存在参差不齐的现象。另一方面，用人单位对留学生的态度也变得更加苛刻，有时甚至带有偏见。针对这一现象，家长肯定也很关心，请问您的观察是什么？在最近一两年中，整个留学市场又发生了哪些变化？

孙　翔：主持人提出的这个话题比较尖锐。数据显示，2023 年的留学人数相较于 2019 年之前实际上增加了超过 30%。尽管有人认为留学的质量有所下降，但从改革开放到现在为止，很多高端人才基本上是留学回来的。

针对留学生的救援服务需求日益增长，海邦汇和江泰合作，专门设计了名为“留学生守护星”的产品。这款产品有很高的普及率，很多家长和留学机构在了解到这款产品后，都给予了极高的评价。产品的底层逻辑已经非常完善，满足了当前留学生最迫切的需求。

主持人：在安全方面，现在留学生在海外最需要哪些保障？

孙　翔：我认为有两个最关键的点。首先，是留学生的就医问题。即便你的英文很好，但是涉及医疗专业领域，就会发现专业术语和日常用语大相径庭，这时候非常需要大救星“星使”这样的人员来提供陪同和翻译服务。其次，近段时间，特别是 2023 年以来，留学生面临的另一个问题是诈骗。随着国内对诈骗行为的打击力度不断加大，很多新型诈骗手段开始转向海外，专门针对留学生及其家长，且诈骗成功率超过 70%。因此，我希望江泰在这方面能够提供更多支持。

主持人：我还想追问一个问题，现在在国内的短视频平台上，我们经常会看到留学生在海外遭遇人身安全的威胁。这种现象在集中观看时可能会被放大，从而增加了公众的不安全感。例如，在两国关系紧张的地区，家长可能会担忧，是否会因为我们的孩子是黑头发、黄皮肤，而在国外容易遭到歧视，甚至是无端的攻击。此外，在一些欠发达地区，由于对中国人的刻板印象，认为中国人都很富有，而这些留学生又缺乏自我保护能力，可能会成为犯罪的目标。一方面，他们可能成为情绪发泄的对象；另一方面，也可能被当成容易下手的目标。在连续刷过这类短视频后，人们可能会觉得海外非常不安全。孙翔总，您能否以权威和客观的角度，谈谈这方面的情况是否真的这么严重？

孙　翔：情况并不严重，这些短视频可能只是为了制造一种焦虑。虽然这类事件确实存在，但它们并不是普遍现象，只存在于某些区域，也没有大家想象的那么严重。

主持人：相较于往年，您认为纵向来看有什么变化？

孙　翔：与 2019 年之前相比，安全问题实际上更要关注解决家长的焦虑问题和学生的安全问题。您刚才提到的安全问题，我之所以说情况并不严重，并不是说这类事件不会发生，而是说它们并不会发生在每一个留学生身上。然而，随着政治因素的发展，这些事件在某些区域确实存在。我们曾经通过自媒体进行产品宣传，邀请了 300 位家长亲身体验，发现大家都存在这方面的焦虑。

主持人：接下来的问题请教一下外聘网总经理刘倬先生。外聘网作为境外人力资源输出平台，现在我们派遣劳务人员到境外工作时，在救援和保障方面有哪些新的变化？

刘　倬：自 2017 年外聘网上线以来，我们已经服务了超过 6 万家出海企业和海外华人企业，以及 300 多万名求职者。在这些求职者中，一部分是国内想去海外工作的人，另一部分是已经生活在海外的华人，他们可能在当地工作或希望换一个国家工作生活。过去，出国工作的渠道相对单一，只有通过出国劳务输出公司。但近几年，我们观察到出国工作的群体正逐渐从纯低端向中高端转变，越来越多的大专以及本科以上学历的求职者选择出国工作，这使得渠道越来越多样化，人群覆盖面也越来越广。

从我们平台的数据来看，海外工作生活的华人存在三个比较突出的问题。

第一，尽管出国人员的文化程度越来越高，但是由于基数大，仍有大量中国人和华人在海外的安全意识相对比较薄弱。比如，一些出国工作的人可能因为新鲜和好奇而去一些风险较高的地区，如某些地区的贫民窟或部落。此外，由于对当地文化不够了解，与当地人沟通时可能会产生矛盾，这也是一个非常大的风险。

第二，通过我们平台出国工作的中国人很多去了“一带一路”共建国家，比如东南亚、中东、非洲等地区，这些地方的医疗条件比较差。中国人生了病后，可能无法及时得到有效治疗，造成病情延误。

第三，海外雇佣纠纷频发。由于信息不透明和不对称，传统的出国劳务中介公司很多只关注赚取中介费，而不是真正帮助求职者找到合适的工作。我们倡导个人和企业直接沟通，个人无须支付任何费用就能去海外工作。然而，海外雇佣纠纷的解决仍然是目前面临的一个重大挑战。

主持人：还有一部分是不是生活习惯的差异导致的？很多时候，人们并非有意要冒犯对方，只是因为不了解当地习俗而犯了很多无心之过。举个例子，几年前，国内某开发商在马来西亚推出一个特别火的楼盘，距离新加坡仅两公里，隔海相望，吸引了世界各地的购房者。然而，一位来自湖南的老乡在搬入后却遭到邻居天天敲门抗议，原因是他在阳台上晾香肠、制作腊肉，但是楼上楼下好多邻居都是穆斯林，无法接受这种食物的制作方式。所以，对于出国务工人员，我们是否应该提前进行充分的风土人情培训，确保他们能够更好地适应和尊重当地的文化？

刘　倬：我们认为，应该有专业的第三方机构，如江泰、大救星等，为出国务工人员提供有效的培训和指导。通过提前了解目的地国家的风土人情和文化忌讳，可以避免很多潜在的风险和问题。

主持人：接下来，我们请教一下大救星副总经理杨婧芳女士。从健康领域来看，您认为疫情之后在境外，大家对健康的需求或者面临的痛点有没有发生什么变化？

杨婧芳：3 年的疫情对大家的健康观念影响很大，无论是在境外还是境内，大家在健康风险防范管理上的意识都比疫情发生前有了大幅提升。过去，无论在国外还是国内，主流做法是生病后才去医院，尤其是国外医院实行预约制，这反映出一种相对滞后的健康管理模式。

现在我们观察到，疫情之后，无论是平台消费数据还是行业年报等，都显示出人们更加重视健康风险的预防。比如，许多中国人选择到日本体检，因为他们认为日本体检的精度更高，设备更先进。全球生物制药企业在疫苗和疾病预防药品的研发和上市方面速度都在加快，上市数量是几年前的数倍。此外，由于许多国外先进的健康筛查手段尚未引入中国，越来越多的中国人选择到境外进行健康筛查。与此同时，中医在国际上的受欢迎程度也在不断上升。许多外国人认为中医在疾病预防方面是非常有效的，尤其是针灸和拔罐在外国友人群体中非常流行。

除了传统医疗领域的进展，大家对智能硬件设备和便携穿戴设备的关注度和消费比也在迅速提升。大家在此方面的需求正在发生变化。过去，穿戴这些设备可能更多是为了追求时尚，其次是监控健康。但是，近年来，随着智能硬件技术的研发，人们开始更关注如何利用这些设备收集到的数据来预防健康风险和疾病。这些变化都是疫情之后人们在医疗健康选择上出现的明显变化。

主持人：接下来，我们请教一下赛瑞思国际安全咨询（北京）有限公司业务总监赵新月女士。作为专业为"走出去"企业提供安保服务的公司，目前国家强调"谁派出谁负责"的原则，无论是中国企业还是出国务工人员。近年来，为中国企业及人员"走出去"提供海外安保服务的过程中，您认为发生了哪些变化？是安全形势变得更加严峻，还是市场需求变得更加多元化？

赵新月：大家都能感觉到当前国际形势的复杂变化，通过新闻我们了解到，无论是俄乌冲突、巴以战火重燃、恐怖主义抬头，还是疫情的缓而未解，都给中资企业带来很大的挑战。在这种日趋复杂的国际营商环境中，中资企业作为市场经营主体，很难改变现状。面对有预谋的武装袭击，我们应对乏力。然而，作为安全履责主体，我们必须积极地采取有效措施，最大限度地保障我们海外的核心利益。从这一点来讲，很多企业存在很多问题。比如，有些企业的风险评估不到位，在高风险地区开展项目，没有对当地的风俗、文化、宗教等方面进行深入研究，导致风险评估不到位，缺乏实际参考价值。有的企业缺乏信息搜集渠道，风险预警和分析研判机制不健全，应急能力不足。还有的企业仅凭一己之力在海外开展安保工作，难以获得有效的安保资源和服务。此外，一些企业未能融入当地社会，由于文化以及价值观方面的差异，与当地利益相关方产生了矛盾，为自己日后的发展埋下了隐患。

2011 年利比亚大撤侨事件开启了中国海外利益保护的新征程，中国的顶层设计和安全防护体系也在逐步完善。很多大型企业依托自身资源，积极探索海外安防之路。比如，中石油在加强自身管控能力的同时大量外包安保业务，并借鉴国外的先进经验，以安全管控为核心，形成了标准化的防控体系。再如，中国电建在国务院国资委的指导下，探索建立了风险评估、分析预警、应急管理以及意外保险"四位一体"的境外社会安全管理体系。然而，仍有相当一部分企业简单地将国内的安防体系照搬到国外，而国内的体系大多采用四防标准：防入侵、防盗窃、防抢劫、防破坏，并没有针对枪击、爆炸、绑架劫持、恐怖袭击等风险的防御体系，这与国外的安防建设标准存在严重不符。所以，我们的企业在海外仍存在侥幸心理，对安全防范准备不足，事件预防的主动性亟须加强。

主持人：为什么我们要追求“万无一失”呢？因为在安全问题上，一旦有所失误，就可能导致“一失万无”。如果这些方面不注意，我们在其他方面的努力可能就会付之东流。因此，我们必须主动作为，而不是被动应对。

接下来，让我们请教一下江泰全球救援联盟副秘书长常美玲女士。我们知道您常驻境外，并且是境外安全防护方面的专家，根据您的观察，目前在救援服务方面出现了哪些新的需求？同时，面对境外形势的变化，我们应该如何应对？

常美玲：因为我长期驻外，自 2016 年加入江泰后，我参与了全球范围的考察。我们注意到，不同地区的救援条件存在显著的区域化差异。比如，尽管大家普遍认为欧美的医疗体系相对来说比较发达，救援难度可能比较低，但实际上这些地区的偷盗风险特别高，人们外出时至少需要花费 60% 的精力保护自己的财物安全。上个月，我们一位客户在外面开会，手提包放在脚边，仅仅一转眼的工夫，手提包就不翼而飞了，里面的公务护照和当地欧盟驾照都被偷了。但今天我们在座的各位就没有这方面的担忧。

刚才旅行专家也提到，在东南亚时，应尽量避免乘坐摩托车和篷车，因为安全风险特别高。一旦发生重大事故，不仅医疗救援难度高，而且在很多岛国，严重情况下可能需要医疗包机，成本较高。此外，法律维权过程也相当艰难。非洲的医疗条件比较差，救援转运费用可能需要几百万元起步，这对于个人和公司都是巨大的挑战。

不同人群的救援需求也不尽相同。比如，现在越来越多的旅行者选择自由行，他们的救援难度极大。相比之下，团队旅行在遇到意外时，还可以依靠旅行社、地接和导游的帮助。自由行的人一旦遇到问题，可能会感到孤立无援。留学生的群体也在不断扩大，他们在海外面临的困难不仅是学习上的，还有适应新环境的压力，包括吃穿住行各个方面。现在的救援服务不仅要关注他们的身体健康和就医问题，还要关注他们的心理健康和心理支持，因为他们长期处于紧张的学习工作状态。中资企业的外派人员也是一个重要的群体。我自己也是中资企业的外派人员，今年是外派的第六个年头。我拥有医学背景，并有十几年的救援经验，即便如此，直到 2023 年，我才能够独立在国外的医院看病。在此之前，我都需要专业的翻译协助。虽然我是学医的，但是由于我常驻的国家是意大利，当地医疗领域的专业术语在前几年对我来说还是个挑战，那时我的意大利语还达不到自如应用的水平。正如刚才和睦家医疗集团的演讲嘉宾司伟塔女士所分享的，即使她在中国已经生活了 20 多年，能说一口流利的中文，并且在医院工作，但她到现在仍不知道如何在公立医院挂号。

主持人：在日常对话中，随便聊聊或许可以只说个大概，但看病时，如果一个症状描述错了，那可能会导致完全不同的诊断，甚至可能吃错药，这可不是小事。

常美玲：对。包括中资企业的外派人员，如果不了解当地的医疗系统，可能会遇到麻烦。比如，突然觉得胃疼得受不了，想直接去急诊，但是欧洲的医疗体系通常要求先看家庭医生，急诊只处理最紧急的情况。很多中资企业的员工，由于缺乏行前培训，不了解这一点，结果一生病就去急诊，可能要等上 15 小时。

举个我自己的例子，2019 年我在德国出差，下飞机时一脚踩空，直接脸朝地摔倒在飞机的舷梯上，结果我的门牙摔断了，满脸是血。要知道，人体最坚固的部位不是骨头，而是牙齿。救护车很快把我送到医院，从摔倒到上车大概花费了 5 分钟，而医院的路程也仅用了十几分钟。然而，尽管我下午两点钟就进入了急诊室，但直到晚上十点钟才得以离开，其间总共等待了 8 小时。由于摔断了门牙，我满脸是血，无法移动，只能躺在担架上。在这段时间，医生总共进来处理过三次，每次不到 10 分钟，第一次是简单的清创。每当急诊室有比我更紧急的新病人到来时，医生就会离开去处理他们，而我则被拉回急诊的走道上，躺在担架上再等上两个小时。只有在医生有空时，他们才会回来继续为我处理大约 10 分钟，然后又匆忙去处理下一个更紧急的病人。这样的循环让我在急诊室外等待了整整 8 小时。可以想象，对于那些不熟悉当地医疗系统的中资企业员工来说，如果需要在急诊室等待 15 小时，这无疑是一种身心双重的煎熬。事实上，对于任何身处陌生环境的人而言，这种长时间的等待无疑都是一种巨大的压力。

另一个比较大的挑战是，对于身处异国他乡的员工来说，企业需要为他们提供一些属地化的资源，但企业的能力是有限的。我们不可能要求每个企业都能在全球所有外派国家联系上当地最好的医疗机构，或者全面了解当地的安全和其他相关知识。这就要求我们更好地结合全球化与属地化，以满足员工的需求。

主持人：我们现在进入第二轮圆桌讨论。在第一轮中，六位嘉宾分别结合自己的从业经历分享了救援领域的新变化。今天的嘉宾设置非常科学，虽然大家的领域差异很大，但我们发现了很多共同点。在接下来的讨论中，我们将针对刚才提到的这些新变化、新需求、新场景，探讨如何提供更符合实际、更高效、更经济且更加能够满足客户需求的解决方案。我们将按照顺序发言，首先请孙翔总从留学生的角度出发，谈谈如何为留学生提供既经济又实用的全球救援服务。

孙　翔：江泰已经开发和提供了包括就医和海外救援在内的多种产品。现在的关键问题在于如何让海外华人和即将出国的学子们知道和了解这些产品，因为只有这样，他们才能更好地利用这些服务。

例如，我们是否可以在悉尼设立一个名为“江泰海外华人守护星”的服务点，将我们的救援产品纳入其中，以便快速地让每一位出国的学子和华人了解并接触到我们的产品，这一点非常重要。这也是海邦汇希望提出的建议。我们在全球范围内做留学服务，见证了许多问题的发生。我曾帮助许多朋友解决了他们子女在海外遇到的问题，包括安全问题。

很早以前，我就在想是否存在这样一款产品，非常荣幸，我知道了江泰，并发现它真的有这样的产品，这真是太好了。现在的问题是如何将这些产品信息传递给每一位家长、学子以及驻外华人，让他们感到安心。哪怕是建立一个“江泰海外华人守护星”社区服务点也会非常有用，有助于我们更好地开展工作。

主持人：一个体系化和专业化的救援服务体系意味着人们不需要四处寻找帮助。无论是财产安全、人身安全还是正常就医，所有这些问题都能一站式在这里得到解决。

孙　翔：没错，一站式服务能够解决包括住房、务工等在内的各种问题，这些都是海外华人和留学生经常面临和有待解决的。这些产品都非常贴近用户需求，江泰的整个产品链是非常齐全的。关键是让所有出国的人，无论是旅游者还是学生，都知道江泰可以提供这些服务。

主持人：接下来，我们来请教一下婧芳总，您认为有什么好的解决方案？

杨婧芳：在座的各位都是江泰的合作伙伴或者是江泰的员工。我们都知道，江泰不仅在原有救援服务的基础上实现了平台化，更进一步拓展了服务的覆盖范围和深度，以期更加有效地为大家提供服务，无论是华人出境还是外国人来华。在此基础上，除了刚才各位提到的医疗转运和医疗救援等基础服务，我们还增加了便捷生活救助服务，包括人文和风俗习惯方面的支持服务，甚至包括如果一个人被偷了钱包，我们可能需要紧急提供 100 欧元，帮助他解决如何回到酒店或如何前往使馆办理护照等实际问题。

关于大家可能最难解决的医疗和健康问题，这不仅涉及语言障碍，还有风俗习惯以及医疗认知和疾病预防观念上的巨大差异。2023 年，江泰在此领域进行了重大改革，我们在原有服务基础上，建立了境内外“床到床”的无缝转运体系。虽然大家可能听说过一些企业可以为外国友人提供绿色通道服务，但是江泰已经把整个服务升级为“床到床”。现在，患者无须经历烦琐的流程，就能从 A 医院的病床直接转移到 B 医院的病床，实现了真正的无缝衔接，大大减轻了患者在转运过程中的不便和痛苦。

此外，我们还根据用户需求，大力发展疾病预防和健康风险防范能力。2023 年年末，我们已经累计为“走出去”海外企业的员工提供了数十万人次的疫苗接种和体检筛查等疾病风险防范服务。

对于特殊特种行业的从业人员，我们为他们提供日常健康监测，以应对在作业环境中可能遇到的风险。比如，在海外矿山工作时，可能会遇到多种问题：首先，员工可能会在超出作业范围的地方走失，难以找到；其次，下矿井本身就伴随着风险，突发意外的风险较高，更不用说像非洲这样环境较为恶劣的地区，健康风险也相应更高。为了应对这些情况，我们提供一体化的救援服务，从智能硬件设备监测、数据分析解读、风险预警到风险发生后的当地就医服务。

同时，对于来自外国的友人，我们除了提供像和睦家医疗集团这样的专业涉外医疗服务之外，还针对"中医热"的需求，提供本土化的医疗服务。我们能够提供语言支持和本土化的协助，以适应不同环境和人文背景下的个性化需求。这种个性化且平台化的服务是江泰自 2023 年疫情后一直在努力的方向。

主持人：新月总，请分享一下您的解决方案和思路。

赵新月：在新时代的背景下，国家对企业"走出去"提出了更高的要求。作为专业的境外综合安保服务提供机构，我们致力于为企业提供实用的建议和相关服务。

第一，风险评估。外交部对"走出去"企业提出了"不评估、不立项"的硬性规定，要求严格落实。在这一过程中，我们实施动态评估，对海外机构和项目所面临的风险进行持续评估并分级管理。对于位于高风险地区的机构和项目，我们特别强化了安保管理人员队伍的建设，通过定岗定责和委派专业安保人员，确保专业的事由专业的人来完成，形成一个由国内公司总部监督管理、海外专职安全管理团队落实并反馈，以及第三方专业机构协同配合的三方联动机制。

第二，优化安防设计。在安防领域，我们要明确境外社会安全管理与生产安全管理之间的本质区别。生产安全管理主要应对的是内在性风险，而境外社会安全管理面对的主要是外源性风险。内在性风险通常源于人的不安全行为、物的不安全状态或不安全的环境，它们可以通过有效的组织治理而避免。但是，境外社会安全管理所面临的外源性风险往往难以通过有效、合理的组织治理而完全规避。比如，恐怖袭击的发生在很大程度上取决于恐怖组织的袭击意图，这是企业难以控制的外部因素。

因此，我们要加强与相关利益方的合作与管理。境外社会安全管理的本质在于与相关利益方形成利益共同体，与所在国的所有相关方保持良好关系，并实现深度捆绑。通过形成利益共同体，企业才能获得必要的支持和拥护。我们曾有企业在埃塞俄比亚承接了一个公路项目，虽然这是得到国家支持的战略性项目，但在实施过程中，由于其中一个路段侵占了当地一个部落赖以生存的牧场，引发了当地人们的强烈反对，导致频繁的冲突，甚至存在被枪击的风险，对项目人员的安全构成了极大的威胁。

第三，风险转嫁和降低。对于那些可以规避的风险，我们尽可能地进行规避。对于无法规避的风险，我们则尝试通过转嫁的方式来减小潜在影响。比如，对于可以通过保险覆盖的风险，我们可以利用保险进行风险转嫁；对于保险无法覆盖的部分，我们则可以通过风险减量服务来降低风险，并形成风险管理台账。比如，我们可以通过境外公共安全培训来降低风险，遵循国家“不培训、不派出”和“培训不合格、不派出”的要求。我们还曾为中资企业的外派员工提供境外公共安全培训以及为留学生提供平安留学教育培训，培养他们的安全防范意识，并增强自我保护能力。

在与中资企业的交流中，我们都会强调应急资源储备的重要性，确保在关键时刻能够快速响应。无论是应对员工突发疾病时的紧急医疗转运，还是在面对绑架劫持事件时的赎金谈判，或是在紧急情况下的撤离需求，如在俄乌冲突和巴以战火期间等危急时刻，应急资源储备都显得至关重要。因此，我们必须提前储备好这些资源，以满足不时之需。

主持人：新月总，我追问一个问题。在电影中，我们经常看到一些情节，比如在境外提供安保服务时，如果是激情犯罪或者是临时起意的群体性事件，专业安保力量能够及时制止危险，从而保护境外人员的安全。然而，如果是有预谋的犯罪，犯罪分子可能已经事先对当地的安保力量进行了深入的了解，甚至比安保团队自身还要熟悉，然后发起有组织、有预谋的针对性打击。在敌暗我明的情况下，可能会出现非常严重的损失。对于这种情况，你们有什么应对预案？以往是否有过类似严重的事件呢？

赵新月：确实有中资企业经历过这样的情况。我们一直强调建立体系，制订完善的外出计划、应急预案和专项方案。但是，就像主持人所提到的，有时我们可能会遇到一些有预谋的袭击。有些中资企业私下开玩笑地跟我说，在境外要“防火防盗防同胞”，因为很多时候，发起袭击的人其实是身边熟悉的人，甚至可能是我们自己雇佣的保安人员或军警。这些人白天是警察，晚上可能会成为抢劫者，这使得防范工作变得极为困难。所以，我们需要在建立体制体系的基础上，加强管理，严格落实所有的管理制度，确保它们不是一纸空文，而是真正落到实处。此外，我们还应该有保险服务和应急救援服务作为后盾。

在之前培训中，我们说遇到抢劫应该怎么办？全部财物都给他，因为人身安全永远是第一位。很多中资企业在这方面践行得非常好，如果员工的东西被抢了，公司会进行赔偿。但如果在抢劫的过程中与对方发生冲突并受伤，公司反而会进行处罚。这些措施都是为了尽可能地做好防护，对于那些实在无法防范的情况，我们必须储备应急资源，以备不时之需。

主持人： 如果损失不可避免的话，我们尽力把损失降到最低。

接下来，请教一下王翔宇总，请您从境外旅行团和旅行产品的角度，谈谈在产品设计方面和安全保障方面，我们采取了哪些措施。

王翔宇： 对于旅游企业而言，我们的工作可以概括为两个核心点。第一，降低风险。随着自由行客人的增多，我们需要提供事无巨细的提醒服务，包括出境前的准备清单，吃、住、游、行、购、娱各个方面的注意事项，以及小费文化等当地风俗习惯的介绍，以降低游客在海外可能遇到的风险。确保游客能够平安归来，是我们最大的欣慰。

第二，转嫁风险。我们为每位游客提供必要的保险保障，确保他们在境外遇到紧急情况时，能够得到及时的救援和医疗支持，包括在必要时转运回国的相应保障。我们最希望看到的是，游客在海外遭遇伤病或其他紧急情况时，相应的应对和处理流程可以得到不断优化。

主持人： 作为消费者，在异国他乡时，我们希望能有一个熟人来解答一些基本问题，这一点也非常重要，因为与国内联系可能会受到时差的影响，且自己可能难以清晰描述问题。即使在没有导游或地接带队的自由行中，如果目的地城市有我们派驻的联络员或员工，这将为游客提供极大的便利。虽然在正常情况下，游客可能不需要联系他们，但一旦遇到紧急情况，能够迅速联系并得到他们即时的帮助，这无疑增加了服务的竞争力。

王翔宇： 对，无论是在客人的心理还是身体层面，都会得到非常好的保障。一旦发生问题，我们在当地的合作公司以及相关各方都会迅速响应，尽快抵达现场，协助客人妥善处理问题。

主持人： 在旅行中，尽管实际的经济损失可能并不严重，但心理上的焦虑往往更让人困扰。许多人出游本是为了放松，然而意外的事件可能会严重影响心情。如果救援人员能够及时出现并抚慰心情，很多问题实际上并不像它们看起来那么严重。

接下来，让我们听听刘倬总的见解。对于劳务人员外出，您认为有哪些解决方案？

刘　倬： 外聘网的使命是分三步走的：第一，海外工作更透明；第二，海外工作更便捷；第三，海外工作更安全。

海外工作更透明其实就是打破信息不对称，让我们的亲朋好友通过外聘网就能立即了解远在南非、巴西等地的工作机会，并找到适合的工作。同理，这对于企业来说也是一样。

为了令海外工作更便捷，我们提供签证、机票、海外租房等一系列服务，形成完整的服务链。

海外工作更安全是海外工作的托底保障。自外聘网成立之初，江泰就给予了我们巨大的支持，使我们能够不断前进。江泰非常认同我们的使命，即为在海外生活和工作的华人及华企提供安全保障。无论他们在海外工作还是开公司，无论他们的业务成功与否，安全始终是最重要的基石。没有安全，一切都将是一场空。

安全的前提在于风险管控。保险在安全保障中起到了事后托底的作用，但还需要关注事中和事前的救援和风险化解。如果我们能够在这两个阶段做好工作，保险的托底责任将会大大减轻。虽然保险是在事故发生后提供最后的赔偿，但我们更希望的是能够尽量不出事和少出事以及出了事后尽量减少损失。我们非常认同江泰的理念，只有通过事前和事中的妥善规划与应对，才能保障海外华人和海外华企的安全与利益。

海外工作的信息不透明和工作不确定性致使很多海外华人和华企在寻找工作机会或人才时备感担忧。鉴于此，我们提出一系列解决方案。举例来说，我们平台上的很多企业在成功招聘到合适的外派员工后需要为他们办理签证和机票，但是在签证和机票都办理好后，有很多员工可能会临时改变主意，不愿意前往，这给企业造成很大损失。因此，很多企业为了减少成本开支，尤其是民营企业，可能会选择办理旅游签或商务签，而不是合法的工作签，这实际上隐藏着很大的风险。为此，我们特别定制了一款名为"保到岗"的保险产品，如果企业通过外聘网招到合适的员工，并且员工在办理完签证后决定不去，保险公司将赔偿企业因办理签证所产生的损失。这样一来，企业就没有了后顾之忧，更愿意给员工办理工作签证，同时员工在海外工作也能获得相应的保障，实现多方共赢。这是对于企业的解决方案。

对于个人来说，我们与江泰及大救星进行了深度合作。通过外聘网找到海外工作的个人，将享受到江泰和大救星提供的全方位服务。无论是在海外转机时不慎丢失现金或护照，还是在海外工作中遇到问题需要报案，我们的服务都能提供保障。由于语言和文化的障碍，许多海外华人在遇到问题时可能会感到担忧，大救星的海外"星使"服务主要由中国人和海外华人组成，他们最懂中国人的需求。例如，当身体不舒服时，即使还没来得及去医院，也可以通过在线问诊服务咨询中国的医生，了解自己的症状和相应的治疗建议，从而更加安心。我们希望江泰和大救星一站式的风险解决平台可以更完善、更落地。

主持人：最后我们有请常美玲秘书长做个总结。对于江泰全球救援联盟来说，我们的任务一方面是事后汇总，不断针对新出现的情况和商业模式进行分析和汇总，探讨如何嫁接实现 1+1>2；另一方面也需要在事前发挥引领作用，通过预见趋势性事件和局势，提前布局，未雨绸缪。

常美玲：我们的救援事业未来主要聚焦以下五个方面：人性化、属地化、全球化、智能化、平台化。

首先，从人性化方面来讲，海外华人最需要的是在遇到问题时能够得到当地的依靠和支持。无论是通过科技手段与国内的医生进行远程医疗咨询，还是由心理咨询医生提供情感上的支持，我们都要考虑到每位客户作为个体的情感需求。在很多情况下，情感上的支持可能比技术和物质上的支持，比如提供宿舍或报销，更为重要。

给大家举一个真实的例子。我们不仅为中国人“走出去”提供救援，也为外国人“走进来”提供帮助。我们有一个客户是外国驻华使馆的三等秘书，一位 22 岁的小姑娘，会讲五国语言，来自一个彪悍的民族，不是一个弱小的女子，也并非没有见过世面。但是，有一天她给我打电话，哽咽着说：“我今天因为购买一瓶护发素，晚上和爸爸打电话的时候哭得泪流满面。”因为她刚到中国时不认识汉字，想买护发素，结果连续四次都没有买对。最后一次，她把超市货架上所有长得像护发素的产品都买了一瓶，最终才解决了问题。晚上与父母通话时，她的情绪终于爆发了。这个例子说明了我们的每一位客户都是真实且有血有肉的个体，我们所有产品的设计以及关怀措施都需要从人文关怀的角度出发。

其次，属地化。由于全球各地条件各异，我们不仅需要找到专业的医疗机构和安保机构，还要积累当地的华人资源来解决语言障碍和文化差异问题。例如，我每年 10 月要为中国银行驻米兰银行的新外派员工提供培训，帮助他们事先了解当地的环境、法律、就医问题。江泰全球救援联盟的初心是整合全球资源，通过属地化的专业机构和华人专业人士来为大家服务。

最后，我们还致力于全球化、智能化、平台化的发展。我们不仅利用最新的科学技术监控常规医疗状况，还关注亚健康状态的监控。无论是留学生还是外派人员，我们提供的不仅是应急处理，还关注他们长期的健康生活。自 2016 年江泰全球救援联盟成立以来，我们就一直在努力网罗全球专业机构资源，团结全球华人力量，并利用智能科技搭建一个智能化的全球救援平台。这不仅是我们今天所有在座救援人的初心，也是我们为之奋斗的目标。

主持人：谢谢常美玲秘书长，婧芳总，您是否有补充？

杨婧芳：首先，我代表大救星感谢大家来参加今天的救援论坛，并在我们讨论过程中不断提供宝贵的市场反馈，使我们的服务更加人性化和更便捷。我们在组织救援资源以及在平台上提供服务时，都离不开大家的支持。大家与我们的日常互动也非常频繁，正是这种紧密的联系，让大救星得以不断进步，发展出有别于传统救援的创新服务。我们能够在救援联盟中携手前进，这一切都源于我们共同坚守的初心。我们希望能够团结一切的华语力量，为华人跨境交流做出更大的贡献。我们相信，一个具备社会价值的企业才能走得更远，为大家提供更优质的服务，这也是我们企业坚守的初心。

主持人： 让“走出去”的中国企业和中国公民更加开心、更加顺心、更加安心和更加放心。

由于时间关系，我们就交流到这里，再次感谢六位嘉宾为我们带来的精彩分享。

我非常喜欢一句话，“风可以吹走一张白纸，但是吹不走一只蝴蝶”。这正是生命的力量所在。面对着纷繁复杂、瞬息万变的国际形势，站着很容易听到闲言碎语，但是跑起来耳边就只剩下风声。因此，我们首先要致敬奔跑着的中国企业“走出去”风险发布会。这个发布会从 10 年前奔跑而来，还将向着更多的 10 年奔跑而去，我们祝福它前程似锦。此外，我们也要致敬放手一搏、奋力一跃“走出去”的中国企业。它们走过千山万水、说尽千言万语、想尽千方百计、吃过千辛万苦。我们相信，未来它们终将像诗句中所描述的那样，“两岸猿声啼不住，轻舟已过万重山”，克服重重困难勇往直前，“星垂平野阔，月涌大江流”，展现出无限的潜力和勇气。

扫码观看　演讲视频

附录

中国企业“走出去”风险发布会（2015—2024）汇总

2015 中国企业“走出去”风险发布会暨融资与保险论坛

大会致辞		
不忘善良之初心，打造不同寻常的中国企业“走得出、走得稳”的对外投资贸易平台	江泰国际合作联盟主席	沈开涛
积极搭建中国企业“走出去”融资与保险的服务平台	中国产业海外发展协会会长	张国宝
融资风险		
中国企业“走出去”融资风险	中国农业银行股份有限公司董事会秘书	朱皋明
法律风险		
发达国家投资法律风险	中伦律师事务所合伙人	李明士
发展中国家投资法律风险	国浩（北京）律师事务所主任	王卫东
基础设施投资风险		
“一带一路”投资基础设施建设风险	中国交通建设股份有限公司金融管理部总经理	房小兵
税务风险		
中国企业投资海外税务风险	致同（香港）会计师事务所有限公司合伙人	夏其才

如何降低企业投资海外税务风险	国富浩华（香港）会计师事务所主席	陈维端
地域风险发布：中东及非洲		
中东（石油及建筑行业）	黎巴嫩联合保险顾问公司首席执行官	尼华理
中东及北非	亚瑟 J. 盖勒格国际集团公司国际业务董事	大卫·巴特曼
非洲	南非 GIB 保险经纪集团副主席	丹尼斯·甘仕
地域风险发布：美洲		
美洲：美国及加拿大	亚瑟 J. 盖勒格公司（美国）加州地区总裁	张东华
美洲：拉丁美洲（除巴西）	阿根廷 Makler S. A. 主席兼首席执行官	里卡多·罗森赛尔
美洲：墨西哥、加勒比及巴西	亚瑟 J. 盖勒格国际集团公司国际业务总监	赛吉奥·卡姆宾
地域风险发布：欧洲		
欧洲：英国	亚瑟 J. 盖勒格国际集团公司国际业务发展总监	宋炜
欧洲：德国、奥地利及北欧	风克集团国际业务总监	彼得·施耐德
欧洲：法国及西欧	威斯皮恩集团副主席	施唐明
欧洲：俄罗斯	Malakut 保险经纪公司业务发展总监	塔媞安娜·拉苏瓦娃
欧洲：中东欧	MAI CEE 保险集团国际网络总监	莎博嘉

地域风险发布：亚洲及大洋洲		
亚洲：东北亚（中国港澳台地区）	SAG Brokers 香港有限公司首席执行官	特伦斯·冯
亚洲：东北亚（蒙古国）	蒙古金融监管委员会非寿险部总监	贾夫克兰特·白慕克
亚洲：印度及南亚	J. B. Boda 保险经纪公司国际业务经理	米海尔·沙
亚洲：东南亚（东盟）	亚瑟 J. 盖勒格国际集团新加坡公司董事总经理	迪克·希斯
大洋洲：澳大利亚及大洋洲	亚瑟 J. 盖勒格国际集团公司国际业务董事	大卫·巴特曼

2016中国企业“走出去”风险发布会
暨“一带一路”风险管理论坛

2016中国企业“走出去”风险发布大会		
大会致辞		
为中国梦、为中国企业“走出去”而奋斗	江泰国际合作联盟主席	沈开涛
应对“走出去”风险挑战，抓好“一带一路”机遇	中国产业海外发展协会秘书长	胡卫平
致力中国公民“走出去”全球救援风险服务	江泰救援服务有限公司总经理	熊山华
地域风险发布：欧洲		
欧洲法律风险	史特博律师事务所税务咨询律师	杨艳
欧洲税务风险	史特博律师事务所税法负责人	埃索·温欣格
欧洲信用风险	裕利安怡信用保险公司亚太经济学家	穆罕默德·伊斯拉姆
德国及北欧国别风险	风克集团国际业务总监	彼得·施耐德
比利时、荷兰、卢森堡国别风险	Meeùs保险经纪公司客户总监	诺瑞尔·克拉斯
法国及南欧国别风险	威斯皮恩集团董事	多米尼克·西塞斯
地域风险发布：亚洲及大洋洲		
亚洲及大洋洲法律风险	兰德罗杰律师事务所合伙人	陈仿仕
亚洲及大洋洲税务风险	致同北京会计师事务所国际税务管理合伙人	焦根永

亚洲及大洋洲信用风险	安卓信用保险集团亚太区风控总监	巴尔特·珀博伦
澳大利亚及新西兰国别风险	盖勒格（澳大利亚）矿业和国际风险总经理	艾伦·巴特勒
地域风险发布：美洲		
美洲法律风险	国浩律师事务所法律顾问	乔治·施
美洲税务风险	中伦律师事务所合伙人	陈彼得
美洲信用风险	科法斯信用保险集团亚太区风险核保副总裁	方迩国
北美洲：美加国别风险	亚瑟 J. 盖勒格公司（美国）加州地区副总裁	张东华
中美洲区域风险	Padeco Seguros 保险经纪公司执行副总裁	斯塔弗洛斯·科斯特伦哥斯
南美洲：智利、阿根廷、乌拉圭、巴拉圭、秘鲁国别风险	智利利连飞（Lilienfeld）保险经纪公司首席执行官	雷纳多·利连飞
南美洲北部：厄瓜多尔、哥伦比亚、委内瑞拉、巴西国别风险	厄瓜多尔 Ecuaprimas 保险经纪公司总经理	拉斐尔·莱德戈博
地域风险发布：非洲		
非洲法律风险	霍金路伟律师事务所税务及中国业务负责人	李庆强
非洲税务风险	霍金路伟律师事务所税务及中国业务负责人	李庆强

非洲信用风险	裕利安怡信用保险公司亚太经济学家	穆罕默德·伊斯拉姆
北部非洲区域风险	Groupe ACECA 集团公司首席执行官	哈立德·奥瑟尔
东部非洲区域风险	肯尼亚太平洋保险经纪公司董事长	卡伦佳·卡贝兹
西部非洲区域风险	AIBA 保险经纪公司行政服务经理	米盖尔·鲁库拉
南部非洲（不含南非）区域风险	HRIB 保险经纪公司总经理	保罗 C. 拉格
南非区域风险	南非 GIB 保险经纪集团副主席	丹尼斯·甘希
“一带一路”风险管理论坛		
论坛致辞		
“一带一路”是中国展示给世界的一张高含金量的新名片	江泰国际合作联盟主席	沈开涛
主题演讲		
“一带一路”信用风险	裕利安怡信用保险公司亚太经济学家	穆罕默德·伊斯拉姆
中国公民走出去“一带一路”救援风险与服务	江泰救援有限公司副总经理	陈洁
国别风险发布		
匈牙利、罗马尼亚、巴尔干半岛包括保加利亚国别风险	MAI 保险经纪集团匈牙利公司总裁	艾寇斯·波尔
捷克、斯洛伐克国别风险	捷克 Renomia 保险经纪公司国际业务总监	马瑞克·高柏
波兰、波罗的海、乌克兰国别风险	MAI 保险经纪集团波兰公司总裁	皮约尔·西斯拉克
中东国别风险	AIC 顾问公司客户总监	艾米丽·奈萨

伊朗国别风险	Marine and Risk Experts 公司风险及投资顾问	皮卢兹·尤塞福普尔
土耳其国别风险	土耳其 BH 保险及再保险公司首席执行官	甘杜思·泰赛尔
蒙古国国别风险	蒙古国国际保险经纪公司首席执行官	贾夫克兰特·白慕克
新加坡国别风险	盖勒格集团（新加坡）亚洲区首席执行官	迪克·希斯
马来西亚及文莱国别风险	CIMB Howden 保险经纪公司风险管理专家	韩宝强
泰国国别风险	Siam 咨询与保险经纪公司董事、总经理助理	普拉姆克·艾瑞丰萨
越南、老挝、柬埔寨国别风险	ADong Joint-stock 保险经纪公司首席执行官	洪南煌
印度尼西亚国别风险	Jaya Proteksindo Sakti 保险经纪公司董事	卡尔文·茂雅岱
菲律宾国别风险	菲律宾 Gotuaco Del Rosario 保险经纪公司总经理	安德鲁·古图阿科
缅甸国别风险	CMC 管理咨询公司董事、总经理	弗莱迪·信
印度、尼泊尔、孟加拉国国别风险	J. B. Boda 保险经纪公司国际业务总经理	米哈尔·沙
巴基斯坦、阿富汗国别风险	Allied 集团董事会律师	沙哈纳瓦兹·阿格
斯里兰卡、马尔代夫国别风险	Finlays 保险经纪公司董事	T. S. 阿鲁拉南丹
哈萨克斯坦、吉尔吉斯斯坦、土库曼斯坦、塔吉克斯坦、乌兹别克斯坦国别风险	MOI 保险经纪公司国际业务主管	赛依达·阿兹尼巴吉耶娃
俄罗斯国别风险	MAI 保险经纪集团俄罗斯公司总经理	亚历山大·普罗托克里托夫

2017 中国企业“走出去”风险发布会

2017 中国企业“走出去”风险发布大会		
大会致辞		
风险发布会，改变中国企业与中国公民“走出去”的步调	江泰国际合作联盟主席 江泰全球救援联盟主席	沈开涛
加强风险防范，走稳中国企业国际化之路	中国产业海外发展协会会长	胡卫平
中国公民“走出去”人数众多，保护和救援越来越重要	中国国际经济交流中心副理事长	张国宝
全球风险演讲		
全球政治风险及变化趋势	科法斯信用保险公司亚太区首席风险核保官	马利
全球战争风险及变化趋势	SCR 特别应急风险顾问公司创始人	道格拉斯 · 米尔恩
全球恐怖风险及发展趋势	Control Risks 化险咨询全球项目副总裁	麦克尔 · 韩富瑞斯
全球信用风险及变化趋势	裕利安怡信用保险公司亚太经济学家	穆罕穆德 · 伊斯拉姆
中国公民全球旅行风险与变化趋势	中国旅游研究院副研究员	杨宏浩
地域风险发布：中东欧与南欧		
中国企业“走出去”全球风险版图：中东欧、南欧 22 国	Matrix SA 保险经纪公司副主席	狄米特理奥斯 · 斯史密苏格鲁

保加利亚、罗马尼亚及塞尔维亚的投资风险	捷克 Renomia 保险经纪公司国际业务总监	马瑞克·高柏
地域风险发布：北欧与西欧		
中国企业“走出去”全球风险版图：北欧、西欧17国	Meeùs 保险经纪公司客户总监	克拉斯·诺瑞尔
英国脱欧与中国在英投资风险	欧华律师事务所资深律师	克莱尔·皮尔森
地域风险发布：俄罗斯与独联体国家		
中国企业“走出去”全球风险版图：俄罗斯、独联体7国	Malakut 集团公司国际业务负责人	塔媞安娜·拉苏瓦娃
俄罗斯及独联体地区国家政策风险	MAI 中东欧保险经纪集团董事	皮约尔·西斯拉克
地域风险发布：东南亚风险发布		
中国企业“走出去”全球风险版图：东南亚 11 国	CIMB Howden 保险经纪公司国际网络负责人	韩宝强
印度尼西亚外汇、劳工、税务风险	致同（印尼）会计师事务所税务总监	汤美·大卫
越南区域法律风险	LNT & Partners 律师事务所合伙人	阮映曈
地域风险发布：西亚与中东		
中国企业“走出去”全球风险版图：西亚中东 14 国	阿联酋 UIB（DIFC）保险经纪公司首席执行官	乔治·卡班
叙利亚、也门战争与恐怖风险	SCR 特别应急风险顾问公司创始人	道格拉斯·米尔恩
海湾合作委员会国家投资风险	RMS 风险管理服务公司首席执行官	胡格·罗森

地域风险发布：东北亚		
中国企业“走出去”全球风险版图：东北亚 4 国	蒙古国国际保险经纪公司首席执行官	贾夫克兰特·白慕克
日本投资风险	东町律师事务所合伙人	麦志明
地域风险发布：中亚		
中国企业“走出去”全球风险版图：中亚 5 国	MAI 中东欧保险经纪集团董事	艾寇斯·波尔
哈萨克斯坦等国家能源行业及工程承包风险	Malakut 集团公司国际业务负责人	塔媞安娜·拉苏瓦娃
地域风险发布：南亚		
中国企业“走出去”全球风险版图：南亚 8 国	Fairwater Risk Consultants 保险经纪公司首席执行官	库兰·汗
巴基斯坦中巴经济走廊建设与运营风险	RMS 风险管理服务公司首席执行官	胡格·罗森
地域风险发布：东部非洲		
中国企业“走出去”全球风险版图：东部非洲 11 国	江泰保险经纪股份有限公司风险工程师	纪可华
东部非洲自然灾害风险	Groupe ACECA 集团公司首席执行官	哈立德·奥撒尔
地域风险发布：北部非洲		
中国企业“走出去”全球风险版图：北部非洲 6 国	江泰保险经纪股份有限公司国际合作联盟秘书部副总经理	翁耀东
北部非洲投资风险	Gruope ACECA 集团公司首席执行官	哈立德·奥撒尔
地域风险发布：南部非洲		
中国企业“走出去”全球风险版图：南部非洲 13 国	赞比亚 Blackgold 保险经纪公司代理首席执行官	格妮丝·美雅

南部非洲投资及工程承包风险	欧华律师事务所律师	克莱尔·皮尔森
地域风险发布：中部与西部非洲		
中国企业“走出去”全球风险版图：中部、西部非洲24国	Ascoma 国际保险经纪公司国际业务总监	史提芬妮·布萨兰
尼日利亚及西部非洲恐怖和绑架风险	怡和保险经纪公司全球绑架赎金负责人	萨姆·埃坎
地域风险发布：北美洲		
中国企业“走出去”全球风险版图：北美洲 2 国	加拿大怡和保险经纪公司北美特殊风险负责人	马修·士唐
川普时代美中政策风险	欧华律师事务所律师	陈承元
加拿大繁杂多变的税务风险	LRMM 律师事务所税务律师	皮埃·勒萨德
地域风险发布：拉丁美洲		
中国企业“走出去”全球风险版图：拉丁美洲 30 国	智利利连飞（Lilienfeld）保险经纪公司董事长	雷纳多·利连飞
拉美经济政策风险	Motta Fernades Advogados 律师事务所合伙人	罗拔托·里斯刚
厄瓜多尔、智利、秘鲁等区域地震风险	厄瓜多尔 Ecuaprimas 保险经纪公司总经理	拉斐尔·莱德戈博
地域风险发布：大洋洲		
中国企业“走出去”全球风险版图：大洋洲 14 国	Poe-ma 保险经纪公司亚洲区域营运经理	亚历山大·贝松
澳大利亚政策法律与商业环境风险	欧华律师事务所律师	克莱尔·皮尔森
全球投资服务论坛暨“一带一路”商机与对策		
论坛致辞		
中国企业海外工作方式不改变，风险仍会存在	江泰国际合作联盟主席 江泰全球救援联盟主席	沈开涛

中国制造业“走出去”前景广阔	中国产业海外发展协会秘书长	和振伟
主题演讲		
语言翻译为您创造无障碍的沟通	Expertrans 翻译公司首席执行官	路易斯·丁
拉脱维亚招商引资政策与投资商机	拉脱维亚驻华使馆商务参赞	康林思
斯里兰卡招商引资政策与投资商机	斯里兰卡驻华使馆大使	卡鲁纳色那·卡迪图瓦库
商业银行的“一带一路”金融服务	招商银行总行交易银行部总经理助理	俞娟
本地融资服务创造投资项目生命力	马来西亚 CIMB 银行企业部负责人	郭洲政
中国企业海外工程承包机遇与挑战	中国电力建设股份有限公司海外事业部副总经理	陈观福
本地化法律服务是化解跨境纠纷的重要手段	意大利 GOGA 律师事务所香港执行合伙人	斯特法诺·巴吉
税务合规是投资海外的必修课	国富浩华美国会计师事务所管理合伙人	丽萨·杨
埃塞俄比亚招商引资政策与投资商机	埃塞俄比亚驻沪总领馆总领事	穆勒·塔瑞肯·埃德雷
西班牙招商引资政策与投资商机	西班牙驻上海领事馆经商处官员	兰仕
比利时招商引资政策与投资商机	比利时驻华使馆经济及商务领事	马汉
中国企业海外兼并收购经验与教训	欧华律师事务所律师	陈承元
欧洲兼并收购的挑战与实践（德国）	富高会计师事务所总裁	格哈德·麦尔
从法律角度看尽职调查	谢凯文律师事务所合伙人	杰伊·科恩
从财务、税务角度看尽职调查	致同北京会计师事务所国际税务管理合伙人	焦根永
匈牙利招商引资政策与投资商机	匈牙利驻上海总领馆商务领事	唐安哲

厄瓜多尔招商引资政策与投资商机	厄瓜多尔驻上海领事馆商务处首席商务官	博维嘉
中国企业投资巴基斯坦的机遇与挑战	香港巴基斯坦商会副会长	刘月容
中国企业海外商业服务需求与保障	Akhund Forbes 律师事务所创始人	拉贝尔·阿洪德
汇率风险与海外投资	马来西亚 CIMB 银行企业部负责人	郭洲政
未雨绸缪，海外危机管理迫在眉睫	怡和保险经纪公司全球绑架赎金负责人	萨姆·艾坎
海外风险及保险管理不容小觑	风克集团董事	托马斯·王
救援服务——您商旅活动中的生命保护神	Tyrol 空中救护车全球客服主任	克劳迪娅·施米德胡贝尔
专业安保服务，从不发达国家到发达国家	保赛固安保公司企业发展经理	格雷戈瑞·穆尔西亚诺
化繁为简、负责到底的本地商务代理服务	金色千年咨询服务公司华北地区协调员	韩树梓
墨西哥招商引资政策与投资商机	墨西哥驻华使馆商务参赞	阿里桑德罗·塞雷斯
希腊招商引资政策与投资商机	希腊驻华使馆商务公参	善德恩·恩玛努尔
全球救援服务论坛暨"一带一路"商机与对策		
论坛致辞		
中国公民海外生活方式不改变，问题还会存在	江泰国际合作联盟主席 江泰全球救援联盟主席	沈开涛
主题演讲		
走出拥挤的人群——下一代旅行者的发展趋势	亚太旅游协会执行理事	安德鲁·琼斯
斯里兰卡投资新商机——旅游住宿与基础设施的投资与建设	斯里兰卡驻中国大使馆大使	卡鲁纳塞纳·科迪图瓦库

蓬勃发展的出境旅游与危机四伏的世界——我们应该怎么办	中国旅游研究院副研究员	杨丽琼
从旅游产业链及旅行社来看，中亚如何借助“一带一路”力量，加快旅游市场开发	中国旅游研究院副研究员	杨劲松
丹麦急救体系剖析——只有了解，才不被动	泛爱国际紧急救援咨询（北京）有限公司负责人	扬·奥卢夫·马德森
美国医疗体制剖析——赴美就医你需要了解的那些事	肿瘤知道首席执行官	陆奕
西班牙医疗体系剖析——在境外就医，哪些是我们应当了解的	HVM 医疗服务公司执行总监	大卫·费尔南德斯
从中国赴越南游客被越南边检人员殴打事件看海外旅游合法权益维护的重要性	大成律师事务所越南地区合伙人	洛朗斯·卡尔
旅游与交通——明智的选择，安全的保障	欧路租车客户服务负责人	侯爱义
赴日游客遭遇车祸维权方法	东町法律事务所合伙人	麦志明
蓬勃发展的中国赴东南亚旅游浪潮蕴含的商机——旅游服务全产业链的投资与建设	泰国旅游协会主席	苏帕里克·苏让古拉
没有安全，何以成业——从尼日利亚恐怖活动案例看安保对外来商务人士的重要性	上海保赛固保安服务有限公司总经理	叶旭春
海外医疗与健康体检旅游——旅游与健康的完美结合	Remed 救援公司副总经理	法鲁克·俄塔克
护理——专业、体贴的服务让病患舒心，让家人放心	Tyrol 空中救援车全球客服主任	克劳迪娅·施米德胡贝尔

“一带一路”大型承包与投资项目财产与人员的安全保障	埃顿服务高级安保服务顾问	张建国
行与不行——从频发的海外自驾游事故中学会防范与维权	赫兹国际租车境外服务经理	周莹
日本医疗观光旅游的优势	JTB 新纪元国际旅行社营业二部部长	李善子
撤离行动——突发战乱、动乱或自然灾害时如何快速将项目工程人员及劳务人员带离危险区域	泛爱国际紧急救援咨询（北京）有限公司高级总监	扬·奥卢夫·马德森
境外信用卡盗刷风险不容小觑——如何规避境外信用卡盗刷风险	维萨信息系统（上海）有限公司风险总监	朱彤
救援保险，让您的保险更保险	江泰保险经纪股份有限公司副总裁	崔敬
论文明出行在出境旅游中的重要性	中国国际旅行社总社有限公司副总裁	刘武雄
有口难言，有手难书？——翻译服务，为您创造零障碍商务交流环境	法国五洲漫游旅行社高级导游	戚丽娜
大陆居民赴台旅游——从近年频发的各类意外看我们如何应对，以减少对游客的伤害	联合国际救援首席执行官	徐震宇
境外频发的恐怖袭击对旅游者的威胁与伤害	国际安全局东南亚区域执行协调员	蔡俊杰
“一带一路”合作典范下商务人士的安全保障	埃顿服务商业风险管理总监	王博
病魔突袭——当你身处海外，如何不束手无策	Four Points 救援公司总经理	约翰·布朗
以法律化解劳资纠纷，助力“一带一路”下劳务合作的平稳发展	美谛达律师事务所咨询顾问	博凯思

欠发达国家和地区劳务派遣人员的救治保障——医疗转运服务，以高效弥补当地医疗条件的不足	Poe-ma 救援公司亚洲区域营运经理	亚历山大·贝松
明智择校，避免上当——那些留学应当知道的事情	北京新东方前途出国咨询有限公司总经理助理	司明霞
老年人海外探亲的风险防范	洞察者咨询服务有限公司全球营销部经理	石智贤
星使——解同胞于困境，彰显海外华人力量	意中旅游事务促进会负责人	史译
星使——为同胞服务是我的骄傲	老挝星使	么银娇
境外购物——如何不使自己成为下一个被宰的游客	上海走客网络科技股份有限公司首席执行官	黎晨
境外购物退税——每个游客都应该知道的权利	欧洲 A-E Link 地接旅行社总经理	吴景远
境外旅游与美食——不要让水土不服打乱你的节奏	尼泊尔搜救及医疗援助服务有限公司网络拓展经理	尼哈·普拉赛
别等风险来敲门——境外安全住宿的选择	土耳其蓝莓旅行社中国区销售经理	乌贾尔·欧米·巴赫达
海关，各国的防线——勿使侥幸或无意让你失财又违法	盛恒（法兰克福）律师事务所咨询顾问	方蒂姆
日本急救体系剖析	日本株式会社利便公司中国区首席代表	陈竞阗
突破时空的专业医疗转运服务	Medic Air 国际医疗转运公司销售与运营总监	侯爱义

2018 中国企业“走出去”风险发布会

2018 中国企业“走出去”风险发布大会		
大会致辞		
“一带一路”风险识别看过来	江泰国际合作联盟主席 江泰全球救援联盟主席	沈开涛
携手“走出去”企业风险防范，助力“一带一路”宏图	中国海外产业协会会长	胡卫平
全球风险发布		
2018 中国企业“走出去”全球风险版图：欧洲	风克国际集团公司董事	托马斯·王
2018 中国企业“走出去”全球风险版图：美洲	亚瑟 J. 盖勒格公司（美国）加州地区副总裁	张东华
2018 中国企业“走出去”全球风险版图：大洋洲	CIMB Howden 保险经纪公司国际网络负责人	韩宝强
2018 中国企业“走出去”全球风险版图：非洲	Groupe ACECA 集团公司商业客户部总经理	穆拉德·穆埃特
2018 中国企业“走出去”全球风险版图：亚洲	蒙古国国际保险经纪公司首席执行官	贾夫克兰特·白慕克
2018 中国企业”走出去”全球风险指引	中国企业“走出去”风险发布会秘书部	
全球风险演讲		
全球政治与信用风险变化趋势	安卓企业管理咨询（上海）有限公司渠道发展总监	杨珏炜

全球战争与恐怖风险变化趋势	化险集团总监	金铃
中国公民全球旅行风险变化趋势	亚太旅游协会大中华区域主任	吴波
主题演讲		
自然灾害风险的防范和转嫁	意大利 Assiteca 集团国际业务总监	斯蒂文·赞
对外投资并购中的安全审查风险	瑞士博朗律师事务所国际合伙人	慕雨果
中国对外投资如何应对逆全球化思潮和单边贸易保护主义风险	BDO 立信加拿大会计师事务所区域管理总监	周永达
“一带一路”沿线国家的政治风险预警	科法斯集团亚太经济学家	卡洛斯·卡萨诺瓦
对外投资项目落地所面临的社区风险及可持续发展问题	马托斯·恩格尔伯格律师事务所中国部负责人	汤巍
周期性的全球金融危机风险对中国企业对外投资的影响	汉坤律师事务所合伙人	周成曜
区域冲突及恐怖主义风险的防范与应对	SALAMA Fikira 集团首席执行官	康拉德·索普
对外承包工程中的履约风险及防范	蒂莱克·吉宾斯律师事务所合伙人	辛西娅·波尔娜瓦莱
对外投资后期的经营管理和文化整合风险	哈萨克斯坦 Unicase 律师事务所合伙人	臧洁妹
2018 全球投资服务论坛		
论坛致辞		
为把优投建成“一带一路”的综合服务平台而奋斗	江泰国际合作联盟主席 江泰全球救援联盟主席	沈开涛

主题演讲		
新时代中国对外投资的新特点	商务部国际贸易经济合作研究院产业所副所长	祁欣
国际产能合作转型升级的新思维	中国产业海外发展协会秘书长	和振伟
不一样的全球考察，不一样的海外投资决策	格拉塔国际律师事务所中国业务发展主任	姑玲
中国驻外使馆是对中国对外投资服务的保障	中国与全球化智库高级研究员	江山
中国海外园区是中国企业“走得出、走得稳”的港湾	华夏幸福基业股份有限公司研发中心负责人	尹晓珺
中国企业对外投资法律纠纷解决之痛	智利佳理律师事务所中国业务区协调人	罗焱
知识产权保护是中国企业对外投资绕不过去的坎	百能律师事务所上海办公室合伙人	宋立伟
多渠道融资是中国企业对外投资的必由之路	夏佛律师事务所合伙人	艾力斯・艾朋格
外国驻华使馆是通往投资目的地国家的窗口	希腊驻华使馆商务公参	善德思・恩马努尔
全球园区是中国企业“走出去”的科学选择	上海市开发区协会常务副秘书长	杜玉虎
老生常谈的尽职调查可以老树开新花	马泽斯基有限责任公司负责人	马克・马泽斯基
“一带一路”背景下中国企业“走出去”安保新对策	中保华安集团总裁	孔宪明
运用本地化保险服务，构建中国企业对外投资风险管理体系	怡和保险经纪公司能源部总裁	安德鲁・巴尔内斯
融入社区可以有效化解文化差异带来的对外投资风险	必博人力资源服务有限公司北亚区总经理	莫绮慧
把握海外投资主动权，从设计投资退出机制开始	FLS 能源公司董事长兼首席执行官	方刚
优投 365 天跨境互联网投资服务平台是全球招商引资的最佳选择	江泰投资贸易服务（深圳）有限公司副总经理	项菁

2018驻华使馆投资促进论坛		
论坛致辞		
让中国企业心明眼亮“走出去”投资	江泰国际合作联盟主席 江泰全球救援联盟主席	沈开涛
国家投资推介		
津巴布韦国家投资推介	津巴布韦驻华大使馆大使	保罗·奇卡瓦
冈比亚国家投资推介	冈比亚驻华大使馆大使	费·西赛
埃塞俄比亚国家投资推介	埃塞俄比亚驻华使馆商务参赞	马斯瑞莎·安达鲁
尼日尔国家投资推介	尼日尔驻华使馆财务专员	杜杜·萨力富
尼泊尔国家投资推介	尼泊尔广州总领馆总领事	拉维·巴塔拉伊
孟加拉国国家投资推介	孟加拉国驻华使馆商务参赞	马福斯
日本国家投资推介	日本贸易振兴机构高级经理	卢真
巴林国家投资推介	巴林王国经济发展委员会驻中国国家代表	蒋赟
厄瓜多尔国家投资推介	厄瓜多尔广州总领馆商务参赞	彭保罗
希腊国家投资推介	希腊驻华使馆商务公参	善德思·恩马努尔
西班牙国家投资推介	西班牙广州总领馆首席商务参赞	高亮东
意大利国家投资推介	意大利对外贸易委员会北京办事处专项负责人	米蕊
拉脱维亚国家投资推介	拉脱维亚投资发展署经济参赞	英格
比利时国家投资推介	比利时广州总领馆法兰德斯大区投资总监	曾广斌

丹麦国家投资推介	丹麦投资促进局投资经理	姚磊竑
美国田纳西州投资推介	美国田纳西州中国发展中心执行主任	刘琳娜
新西兰国家投资推介	新西兰驻华使馆贸易发展局投资总监	张程辉
网络协同与多方交互，优投为驻华使馆招商引资带来新思路	江泰国际合作联盟副主席	原越
2018 中国海外园区招商信息发布		
论坛致辞		
急园区之所急，想企业之所想	江泰国际合作联盟主席 江泰全球救援联盟主席	沈开涛
海外园区推介		
中国交通建设集团海外园区布局	中交产业投资控股有限公司总经理助理	尹铁立
埃及苏伊士经贸合作区推介	中非泰达投资股份有限公司执行总经理	魏建青
广东新南方集团海外园区布局（肯尼亚、尼日利亚）	广东新南方集团有限公司副总裁	邓愚
尼日利亚莱基自贸区推介	中非莱基投资有限公司副总经理	赖四清
“一带一路”产业园（尼日利亚）推介	“一带一路”产业园（尼日利亚）有限公司管委会主任	洪伟俭
中埃曼凯纺织产业园推介	宁夏曼凯投资有限公司总经理	程至诚
毛里求斯晋非经贸合作区推介	山西晋非投资有限公司总经理	赵志伟
中国苏丹农业合作开发园区推介	新纪元农业发展有限公司总经理	何昭顺
埃塞俄比亚华坚轻工业城推介	埃塞俄比亚华坚轻工业园总经理	张颖

墨西哥 VYNMSA 产业园推介	墨西哥 VYNMSA 建设与开发公司亚洲首席代表	菲利普·圣玛丽亚
立陶宛克莱佩达自由贸易区推介	立陶宛克莱佩达自由贸易区销售和市场总监	乌格内·乌尼修特
马来西亚萨马拉组园区推介	马来西亚区域走廊发展机构执行总裁	Ismawi bin Ismuni
中白（白俄罗斯）工业园推介	中工国际工程股份有限公司园区事业部总经理助理	詹望
格鲁吉亚华凌国际经济特区和华凌自由工业园区推介	中国新疆华凌工贸（集团）有限公司总经理	王生新
马中关丹产业园推介	北部湾控股（马来西亚）有限公司外联部总经理	龚颖
泰国洛加纳工业园推介	泰国洛加纳工业园集团中国事业部总经理	孙晓军
中国—印尼经贸合作区推介	中国—印尼经贸合作区有限公司董事总经理	范志明
中国—印尼肯达尔工业园推介	中国—印尼肯达尔工业园招商总监	罗宾·昂
马来西亚碧桂园推介	碧桂园集团海外事业部战略与国际合作总监	张谷铭
中阿（联酋）产能合作示范园推介	江苏省发改委外资处业务专家	郝思欢
数据智能+用户匹配，优投平台帮助园区精准招商	江泰投资贸易服务（深圳）有限公司总经理助理	张璐

2018 全球救援服务论坛		
论坛致辞		
全球救援服务的今生和未来	江泰国际合作联盟主席 江泰全球救援联盟主席	沈开涛
主题演讲		
领事保护的责任与边界	中国国际问题研究基金会特约副理事长	郭崇立
护航中国“走出去”	亚太旅游协会首席执行官特别顾问	张科德
互联网平台救援必将引领全球救援服务	日本株式会社利便公司中国区首席代表	陈竞闽
华夏同胞天下互助，借力资源事半功倍	德国英泰公司创始人	蔺松
生死关头，异国他乡，一键救命必不可少	广东省拱北中旅集团副总经理	胡文强
海外紧急医疗事件的应对，从群策群力到专业化服务	GBG 援助中心客户总监	彼得·缪尔
航空医疗转运是生命与时间的赛跑	每递安国际医疗总监	爱尔夫·拉芬
互联网平台救援服务与全球救援保险共生共长	泰康在线财产保险股份有限公司副总裁	盖雪莹
互联网平台救援服务是中国公民海外旅行保障的新亮点	非洲五霸旅行社总经理	李鹏
中国公民全球救援服务助力“一带一路”海外劳务安全体系建立	中亚丝路保险有限公司中国区代表	阿莉雅·博兰巴伊
遭遇国外侵权纠纷，我们如何解决	马托斯·恩格尔伯格律师事务所中国部负责人	汤巍
如何学会在境外旅行期间保护自身的权益	美国华人互助协会理事	袁丽

迢迢远途危机暗伏，谁是你的守护天使	美谛达律师事务所咨询顾问	博凯思
面对动荡的世界：绑架，如何化险为夷	深港保安集团执行董事	周昀
海外购物如何做到物超所值	意中旅游事务促进会会长	史译
海外劳资纠纷如何保护自己的合法权益	北京德和衡律师事务所仲裁和 ADR 负责人	姚远
海外劳务项目的人员安全保障	埃顿高级安保服务顾问	张建国
突发动乱或自然灾害时如何快速撤离劳务人员	Salama Fikira 安保集团肯尼亚地区总经理	迪兰·伊凡斯
大救星“一键救命”：旅途安全的时刻守护者	江泰救援服务有限公司总经理	熊山华

2019 中国企业“走出去”风险发布会

2019 中国企业“走出去”风险发布大会		
大会致辞		
把风险发布会办成共商共建共享的大舞台	江泰国际合作联盟主席 江泰全球救援联盟主席	沈开涛
风险发布会成为共建“一带一路”倡议重要窗口	中国产业海外发展协会会长	胡卫平
全球风险发布		
2019 中国企业“走出去”全球风险版图：亚洲	RMS 风险管理服务公司 P&C 副总裁	洛巴恩 · 阿哈默德
2019 中国企业“走出去”全球风险版图：非洲	江泰国际合作联盟秘书长	纪嘉毅
2019 中国企业“走出去”全球风险版图：欧洲	意大利 ASSITECA 集团国际业务总监	斯蒂文 · 赞
2019 中国企业“走出去”全球风险版图：大洋洲	BDO 立信加拿大会计师事务所区域管理总监	周永达
2019 中国企业“走出去”全球风险版图：美洲	巴西阿尔珀公司国际联盟负责人	阿德里亚 · 诺罗马诺
2019 中国企业“走出去”全球风险指引	中国企业“走出去”风险发布会秘书长	原越
2019 全球知识产权与高科技风险版图	中国企业“走出去”风险发布会秘书部	
2019 全球旅行风险版图	中国企业“走出去”风险发布会秘书部	
2019 全球恐怖主义与战争风险地图	中国企业“走出去”风险发布会秘书部	
全球风险演讲		
全球政治与信用风险及变化趋势	裕利安怡信用保险公司亚太经济学家	穆罕默德 · 伊斯拉姆

全球战争与恐怖袭击风险及变化趋势	劳合社保险（中国）有限公司北京分公司总经理	陈松林
全球科技与知识产权风险及变化趋势	德恒律师事务所合伙人	丁亮
中国公民全球旅行风险及变化趋势	苏黎世保险集团亚太区大中华项目总监	尼格尔·布鲁斯
主题演讲		
“一带一路”五通趋利避害的新挑战	北京大学区域与国别研究院副院长	翟崑
纠纷化解，保护“走出去”企业的核心利益	国浩律师事务所高级合伙人	陈发云
社区风险考验中国企业海外可持续经营能力	商务部国际贸易经济合作研究院对外投资合作研究所所长	梁桂宁
“一带一路”建设中人员安全风险新动向	保合风险管理咨询（北京）有限公司高级专家	王在邦
知识产权风险的水有多深	高文律师事务所高级合伙人	王正志
中美贸易争端与中国企业“走出去”的新挑战	科法斯集团亚太区经济学家	卡洛斯·卡萨诺瓦
潜在全球金融危机的变化与影响	阿根廷国民银行北京代表处首席代表	汪马克
2019 全球投资服务论坛		
论坛致辞		
给你一个独一无二的“一带一路”第三方服务平台	江泰国际合作联盟主席 江泰全球救援联盟主席	沈开涛
主题演讲		
“一带一路”新形势与国际产能合作新机遇	中国国际贸易学会专家委员会副主任	李永

政府服务企业“一带一路”走出去的新思维	河北省发展和改革委员会副巡视员	乔晓林
驻华使馆是中国企业海外投资的重要通道	波中商务联合会驻华代表	谢唐永
孟加拉国：机会之地	孟加拉国驻华大使馆大使	M. 法兹勒·卡里姆
新形势下海外园区服务中国企业的新举措	中非泰达投资股份有限公司总经理助理	刘億
合规和出口管制是企业境外投资的基本意识	中伦律师事务所北京高级法律顾问	张国勋
海外并购中的法律与保险服务	意大利马泽斯基有限公司负责人	马意峰
走进非洲，跨国财务平台可以先行布局	毛里求斯 DTOS 有限公司中国区首席代表	陈艳青
第三方平台为“走出去”企业赋能	江泰投资贸易服务（深圳）有限公司副总经理	项菁
全球贸易纠纷下原产地证明新动向	中国贸促会苏州委员会法律部副部长	明瑶华
生产制造企业在海外应对环保挑战的实践	越南 Vinacontrol 环境咨询评估股份有限公司创始人	德兰提万
实现“一带一路”人才本地化的解决思路	埃塞俄比亚华坚轻工业园总经理	张颖
从风险识别开始，“一带一路”安保服务新思维	四海巡者（北京）科技有限公司副总经理	陈征
北斗开启全球时代，新服务和新机会	中国卫星导航系统管理办公室国际合作中心办公室国际会展中心主任	王莉
民营企业全球资源配置的探索	玖地集团海外事业部服务经理	何育文
加强“走出去”企业软实力建设，化挑战为机遇	中国农业机械工业协会副秘书长	李有吉
投资南亚：风险、机遇与展望	印中经济文化促进会经济学家	穆罕默德·萨奇夫
北美自由贸易协议带给中国企业的机会	加拿大佳盛投资集团执行董事	周永达

2019 驻华使馆投资促进论坛		
论坛致辞		
优投是及时准确对接招商信息的最佳平台	江泰国际合作联盟主席 江泰全球救援联盟主席	沈开涛
如何解决好民营企业出海的问题	中华全国工商业联合会专职副主席	王永庆
国家投资促进		
埃塞俄比亚国家投资推介	埃塞俄比亚驻华使馆副大使	葛乃天
津巴布韦国家投资推介	津巴布韦驻华使馆外事副主任	穆嘎布库·斯本瑟·杜比
法国国家投资推介	法国驻华使馆中国及香港投资负责人	艾瑞莲
匈牙利国家投资推介	匈牙利驻华使馆商务参赞	柯俊贤
波兰国家投资推介	波兰驻华使馆经济参赞	戈瑞克
越南国家投资推介	越南驻华使馆商务公参	阮得成
哈萨克斯坦国家投资推介	哈萨克斯坦国家投资局驻华代表	札纳特
乌拉圭国家投资推介	乌拉圭驻华使馆商务公参	帕乌拉·雷佩托阿梅斯托
坦桑尼亚国家投资推介	坦桑尼亚 KKB 律所律师	尼吉尔·巴瓦纳
圆桌对话		
驻华使馆与“走出去”企业面对面	马来西亚驻华使馆投资公参	尤凯利
	墨西哥驻华使馆商务参赞	霍尔海
	意大利对外贸易委员会北京办事处专项负责人	米蕊
	河北建工集团副董事长	贾凤锁
	天津优联投资发展集团有限公司董事长助理	蒋焕苓
	中南建筑海外公司副总裁兼海外公司总经理	毛洪涛

2019 中国海外园区招商信息发布		
论坛致辞		
让“走出去”的企业找园区不再难上加难	江泰国际合作联盟主席 江泰全球救援联盟主席	沈开涛
发展境外园区是促进“一带一路”建设的重要抓手	全国工商联国际合作委员会负责人	王丽
境外招商信息发布		
越南 BW 工业园区投资推介	越南 BW 工业发展公司销售服务经理	陈楚鸿
越南 DEEP C 工业园区投资推介	越南 DEEP C 工业园区中国投资对接人	黄文胜
越南仁会工业园区投资推介	越南仁会工业园区董事长	徐丰培
马来西亚巴生港自由贸易区投资推介	巴生港自由贸易区（PKFZ）首席执行官	拿督翁忠义
柬埔寨园区投资推介	大成巴域经济特区集团招商总监	张泰城
墨西哥园区投资推介	华富山工业园副总裁	吴广云
尼日利亚园区投资推介	莱基自贸区董事	赖四清
白俄罗斯园区投资推介	中白工业园中国部副总经理	李潇潇
埃及园区投资推介	中埃曼凯纺织产业园招商部经理	熊易辉
乌兹别克斯坦园区投资推介	乌兹别克斯坦吉扎克园区乌兹别克斯坦中国企业商会执行会长	刘羽

圆桌对话		
“走出去”企业、海外园区双向选择经验分享	中工国际工程股份有限公司园区事业部总经理	宋哲
	中埃泰达苏伊士经贸合作区主要负责人	魏建青
	墨西哥 VYNMSA 房地产建造商和开发商亚洲区负责人	菲利佩·圣塔马利亚
“走出去”企业、海外园区双向选择经验分享	中国—印尼经贸合作区总经理	陈飞霞
	玖地集团海外事业部服务经理	何育文
	江苏丰尚智能科技有限公司饲料仓储建筑公司董事长	张文元
	中白航天高新技术产业研发中心有限公司国际合作处主管	李立新
	蓝盾安保集团有限公司副总裁	郑彬熙
2019 全球救援服务论坛		
论坛致辞		
共话中国公民的出行安全	江泰国际合作联盟主席 江泰全球救援联盟主席	沈开涛
公民海外安全的国家责任与社会共建	南南促进会常务理事	杨建初

主题演讲		
“一带一路”企业与人员安全风险防范的挑战与机遇	中国灾害防御协会特聘专家	赵阿兴
专业安防服务与“走出去”企业的安全保障	北京安诚国际安保有限公司南苏丹市场经理	阿特·约瑟夫·杜阿
满足多元化旅行需求的差异化安全保障	三狮国际实业有限公司总裁	罗颖
科技助力救援赋能保险新能力	中国平安财产保险股份有限公司副总经理	曹六一
海量中国公民出境救援服务如何保障	EMA 全球董事	陈玟菘
面向“一带一路”的医疗转运救援服务新特征	北京华助旅行援助服务有限公司总裁兼首席执行官	穆瑞恩
法律援助是快速解决海外旅行纠纷的关键	马来西亚 GLT 律师事务所律师	李勇捷
星使点亮异域迷途同胞安享海外之旅	德国英泰公司创始人	蔺松
“大救星全球救援云平台”创新全球救援服务	江泰救援服务有限公司副总经理	陈洁
圆桌对话		
聚焦“一带一路”安保护航，共话企业与公民“走出去”安全新保障	三狮国际实业有限公司总裁	罗颖
	重庆海外旅业（旅行社）集团有限公司风控经理	施放
	途牛旅游网公共事务总监	于莹烁

聚焦“一带一路”安保护航，共话企业与公民“走出去”安全新保障	中交星宇科技有限公司运营中心首席运营官	朱晓龙
	民生银行信用卡中心市场总监	曾卓
	中国太平洋财产保险股份有限公司总经理助理	朱洁
	现代财产保险（中国）有限公司非车险总监	金基铉
	江泰救援服务有限公司副总经理	陈洁

2020 中国企业“走出去”风险发布会

2020 中国企业“走出去”风险发布大会		
大会致辞		
应对全球风险要“六预”	江泰国际合作联盟主席 江泰全球救援联盟主席	沈开涛
借十四五东风，助企业“一带一路”开新局	中国产业海外发展协会会长	胡卫平
大会发布		
2020 中国企业“走出去”全球风险版图：亚洲	霍顿马来西亚高级经理	韩宝强
2020 中国企业“走出去”全球风险版图：非洲	南非 GIB 保险经纪集团副主席	丹尼斯・甘慕斯
2020 中国企业“走出去”全球风险版图：欧洲	意大利 ASSITECA 集团国际业务总监	斯蒂文・赞
2020 中国企业“走出去”全球风险版图：美洲	智利利连飞（Lilienfeld）保险经纪公司董事长	雷纳多・利连飞
2020 中国企业“走出去”全球风险版图：大洋洲	澳大利亚杰出双语星使	程秋雯
2020 中国企业“走出去”公共卫生安全全球风险版图	尼日利亚 AFN 保险经纪有限公司首席执行官	约翰・阿拉比
2020 中国企业“走出去”供应链安全全球风险版图	德国风克集团董事	托马斯・王

专家演讲		
后疫情时代，企业“一带一路”走出去的国际政治新环境	中国人民大学重阳金融研究院执行院长	王文
全球公共卫生风险对全球及区域供应链的挑战	外交学院世界政治研究中心主任	施展
疫情下中国作为全球产业链重要一环的事实不会变	全球化智库高级研究员	江山
疫情下中国企业“走出去”应有的思考	对外经济贸易大学教授	刘宝成
企业需用合规体系应对跨境监督	中伦律师事务所高级顾问	张国勋
2020 全球投资服务论坛暨驻华使馆与民营企业面对面及海外园区招商信息发布		
论坛致辞		
中国企业“走出去”要从五个方面“缺什么补什么”	江泰国际合作联盟主席 江泰全球救援联盟主席	沈开涛
论坛发布		
2020 中国企业“走出去”安全风险指引	中国企业“走出去”风险发布会秘书部	
2020 中国企业“走出去”合规风险指引	中国企业“走出去”风险发布会秘书部	
《2020 中国企业“走出去”风险发布会致中国企业的一封信》	中国企业“走出去”风险发布会秘书长	原越
主题演讲		
全球疫情后重振经济，印度尼西亚吸引外资的新政策、新机遇	印度尼西亚驻华使馆大使	周浩黎

全球疫情后重振经济，埃塞俄比亚欢迎中国企业家	埃塞俄比亚驻华使馆大使	托加
中国与哥斯达黎加疫情后经济合作新空间	哥斯达黎加驻华使馆大使	罗德里戈·德尔加多·索托
把握疫后供应链区域布局机会，营造产业集聚效应	北美华富山工业园区副总裁	吴广云
全球疫情催生海外园区招商大趋势	泰国伟华工业园区中国区首席代表	赵迪
发挥联盟和平台优势精准服务、精准推广	优投网常务副总经理	项菁
圆桌对话		
如何在后疫情时代抓住中国民营及中小企业的投资机遇	南非驻华使馆公使	约瑟夫
	巴西驻华使馆投资和知识产权处主管	雷阳
	波兰共和国驻华使馆经济参赞	戈瑞克
	菲律宾驻华使馆商务参赞	格伦·佩尼亚兰达
	中国国际商会咨询委员会顾问 中国前驻法国使馆公使衔参赞	马社
海外园区精准服务	优投网常务副总经理	项菁
	北美华富山工业园区副总裁	吴广云
	泰国伟华工业园区中国区首席代表	赵迪
	尼日利亚莱基自由贸易区副总经理	赖四清
	中白工业园中国部副总经理	李潇潇
	印尼 Befa MM2100 工业园市场部经理	陈冰冰
	甘马挽中马再生资源园区执行副总裁	朱云榆

2020 全球救援服务论坛暨新冠肺炎疫情出行风险对话		
论坛致辞		
目前社会大众购买救援保险意识普遍较为模糊	江泰国际合作联盟主席 江泰全球救援联盟主席	沈开涛
论坛发布		
2020 中国公民出行安全风险指引	中国企业“走出去”风险发布会秘书部	
《2020 中国企业“走出去”风险发布会致中国公民的一封信》	中国企业“走出去”风险发布会秘书长	原越
主题演讲		
疫情防控常态化与海外出行公共卫生安全	北京大学公共卫生学院全球卫生学系主任	郑志杰
直面全球疫情，全球救援服务平台的使命与担当	江泰全球救援联盟秘书长	陈洁
圆桌对话		
后疫情时代中国公民海外救援的挑战与对策	中国国际问题研究基金会特约副理事长、高级研究员	郭崇立
	中国旅行社协会秘书长	孙桂珍
	海外青少年权益保护与发展联合会秘书长	刘嘉宏
	中交疏浚集团副总裁	关巍
	江泰全球救援联盟秘书长	陈洁
	海南经纬航空医疗急救服务有限公司首席执行官兼首席医疗官	李贝
	旅行博主@穷游旅行家	王思博
	旅行安全风险专家	高金良

2021 中国企业“走出去”风险发布会

2021 中国企业“走出去”风险发布大会		
大会致辞		
在新冠疫情下，中国企业“走出去”的风险会越来越大、越来越复杂	江泰国际合作联盟主席 江泰全球救援联盟主席	沈开涛
我国对外投资有序发展，企业“走出去”的步伐不断加快	中国产业海外发展协会会长	胡卫平
大会发布		
2021 中国企业“走出去”全球风险版图：亚洲	菲律宾 Gotuaco Del Rosario 保险经纪公司总经理	安德鲁·古图阿科
2021 中国企业“走出去”全球风险版图：非洲	尼日利亚 AFN 保险经纪有限公司首席执行官	约翰·阿拉比
2021 中国企业“走出去”全球风险版图：欧洲	匈牙利 MAI 保险经纪公司网络总监	朱迪·法鲁·迪
2021 中国企业“走出去”全球风险版图：美洲	厄瓜多尔 Ecuaprimas 保险经纪公司总经理	拉斐尔·莱德戈博
2021 中国企业“走出去”全球风险版图：大洋洲	澳大利亚 MGA 保险经纪公司首席执行官	伯纳德·团摩
2021 中国企业“走出去”全球供应链风险版图	柬埔寨 MGA 保险经纪公司总经理	索帕·明茨
2021 中国企业“走出去”全球公共卫生风险版图	风克集团董事	托马斯·王

专家演讲		
疫情时代对外投资合作与风险挑战	中国出口信用保险公司首席经济学家	王稳
高质量参与区域合作，积极识别规避全球供应链风险	对外经济贸易大学海南研究院院长	崔凡
疫情演进中的全球区域安全风险趋势	经士智库创始人	田士臣
疫情防控常态化中，人员全球流动的公共卫生风险演变	北京大学全球卫生学系教授	郑志杰
2021 全球投资服务论坛		
论坛致辞		
找对了方法，应对“走出去”风险就不会太难	江泰国际合作联盟主席 江泰全球救援联盟主席	沈开涛
主题演讲		
产业链重塑与大国竞争	北京大学国际关系学院副教授	雷少华
借力区域合作，提升企业境外投资高质量发展	中国国际贸易促进委员会研究院副主任	周晋竹
境外工程承包风险防范的新思考	对外经济贸易大学“一带一路”PPP 研究中心研究员	吴万良
充分发挥对外投资综合服务优势，助力中企应对海外投资风险	中国企业“走出去”风险发布会专家	马社

圆桌对话		
驻华使馆、境外园区与企业面对面	墨西哥驻华使馆商务参赞	圣地亚哥·托莱多
	坦桑尼亚驻华使馆商务参赞	卢瑟卡罗·格瓦萨
	中埃·泰达苏伊士经贸合作区招商高级总监	曹慧
	东方雨虹防水技术股份有限公司营销经理	白雪
	中兴通讯股份有限公司海外融资总监	孙航宇
	凤凰卫视“龙行天下”节目总策划	张晓文
	优投网副总经理	窦锴
2021 全球救援服务论坛		
论坛致辞		
全球救援服务需要重新定义	江泰国际合作联盟主席 江泰全球救援联盟主席	沈开涛
疫情下全球旅游业的现状与后疫情时代的出境安全	联合国世界旅游组织执行主任	祝善忠
论坛发布		
2021 中国公民“走出去”新冠疫情安全风险指引	中国企业“走出去”风险发布会秘书部	
主题演讲		
中国领事保护在改革开放深化中的发展	外交部领事司原副司长	陈雄风
国家领事保护与全球救援体系建设	外交学院外交学与外事管理系教授	夏莉萍

后疫情时代全球旅行救援体系建设展望	华侨大学旅游学院院长	谢朝武
全球救援综合服务有效化解人员境外流动风险	江泰全球救援联盟秘书长	陈洁
圆桌对话		
全球疫情防控常态化背景下的全球救援观察与思考	外交部领事司原副司长	陈雄风
	中国人民大学国际卫生法副教授	刘洋
	旅行安全风险管理专家	唐兵
	深圳市经纬医疗援助服务有限公司首席执行官	李贝
	浩鲸集团海外人力资源负责人	周金燕
	江泰全球救援联盟秘书长	陈洁

2022 中国企业"走出去"风险发布会

2022 中国企业"走出去"风险发布大会		
大会致辞		
疫情下全球旅游业的现状与后疫情时代的出境安全	江泰国际合作联盟主席 江泰全球救援联盟主席	沈开涛
维护海外利益是我国进入新发展阶段面临的重要课题	中国产业海外发展协会会长	和振伟
企业"走出去"应增强风险意识，提高抗风险能力	国际能源论坛前秘书长	孙贤胜
中国企业家"打铁还需自身硬"，提升综合风险应对能力	联合国原副秘书长	沙祖康
大会发布		
2022 中国企业"走出去"全球风险版图：亚洲	泰国 SCB 风向管理咨询公司常务董事	普拉默克·阿瑞朋萨
2022 中国企业"走出去"全球风险版图：非洲	尼日利亚 AFN 保险经纪有限公司首席执行官	约翰·阿拉比
2022 中国企业"走出去"全球风险版图：欧洲	匈牙利华语旅游协会会长	郝卫滨
2022 中国企业"走出去"全球风险版图：美洲	厄瓜多尔 Ecuaprimas 保险经纪公司首席执行官	拉斐尔·莱德戈博
2022 中国企业"走出去"全球风险版图：大洋洲	澳大利亚河马财富首席执行官	刘梦麒
2022 中国企业"走出去"全球供应链风险版图	亚瑟 J. 盖勒格公司北亚区首席执行官	托马斯·王

2022 中国企业“走出去”全球公共卫生风险版图	美国速可医疗公司首席网络运营官	李国成
2022 中国企业境外安全风险防控工作范式	中国企业“走出去”风险发布会秘书部	
专家演讲		
大变局下中美关系走向及中企“走出去”的挑战和应对	中国国际问题研究所美国所原所长	滕建群
俄乌冲突重构全球价值链对我国企业的挑战与机遇	北京大学国际组织与国际公共政策系副主任	雷少华
复杂形势下“一带一路”安全风险新态势与挑战	中国海外安全研究所秘书长	戚凯
持续反复的疫情加剧全球公共卫生风险	中国疾病控制中心研究员	殷文武
2022 全球投资服务论坛		
论坛致辞		
坚定一个信念，明确两个责任，推动三项服务	江泰国际合作联盟主席 江泰全球救援联盟主席	沈开涛
主题演讲		
兼顾安全与发展，引导企业大变局中高质量“走出去”	商务部原驻上海特派员	张国庆
风险与商机复杂多变，企业如何高质量“走出去”	对外经济贸易大学教授	卢进勇
满足高质量“走出去”的新需求，彰显专业化综合服务的责任担当	江泰投资贸易服务（深圳）有限公司负责人	李倩倩
中国企业出海新路径	商务部研究院对外投资所副所长	曹亚伟

对标全球经济命运共同体，发挥本地化投资服务的重要作用	北京融商“一带一路”法律与商事服务中心秘书长	贾辉
民营企业与海外园区面对面活动		
借势 RCEP，开创中泰合作新机遇	中国驻泰国大使馆公使衔商务参赞	王立平
民营企业如何把握 RCEP 泰国投资机遇	泰中罗勇工业园总裁	赵斌
把握 RCEP 机遇，共同抱团成长	BRICAP 智库执行董事 巴生港自贸区前首席执行官	拿督翁忠义
把握 RCEP 机遇，投资印度尼西亚	华夏幸福印尼卡拉旺产业新城副总经理	孙钊
2022 全球救援服务论坛		
论坛致辞		
从履行社会责任高度看全球救援服务创新的路径	江泰国际合作联盟主席 江泰全球救援联盟主席	沈开涛
主题演讲		
当下中国人“走出去”的救援需求与服务展望	外交学院教授	夏莉萍
中国出境旅游的红利输出与需求变化观察	中国旅游研究院总设计师	马仪亮
中资机构境外人员风险解决方案与服务需求	北京建工国际建设工程有限责任公司副总经理	熊玉章
关注来华外籍人士需求，提供高效的本地化救援保障服务	日本株式会社利便中国区首席代表	陈竞闻

深化合作，携手共进——在华外企期许全方位救援健康服务	上海德萨科电子技术有限公司人力资源总监	王丽娟
全球疫情催生救援健康管理新机遇	优加健保健康科技（北京）公司创始人兼首席执行官	王艳萍
拓展多方参与境外应急响应体系正当其时	江泰全球救援联盟秘书长	陈洁

2023 中国企业“走出去”风险发布会

2023 中国企业“走出去”风险发布大会		
大会致辞		
越是风高浪急，越要锚定“走出去”的安全根基	江泰国际合作联盟主席 江泰全球救援联盟主席	沈开涛
企业“走出去”要适应新环境、应对新情况	中国产业海外发展协会会长	和振伟
大会发布		
2023 中国企业“走出去”全球风险版图：亚洲	印度尼西亚 MIR 保险经纪公司总经理	许健雄
2023 中国企业“走出去”全球风险版图：非洲	尼日利亚 AFN 保险经纪有限公司首席执行官	约翰·阿拉比
2023 中国企业“走出去”全球风险版图：欧洲	匈牙利普罗菲咨询公司合伙人	亚当
2023 中国企业“走出去”全球风险版图：美洲	厄瓜多尔 Ecuaprimas 保险经纪公司首席执行官	拉斐尔·莱德戈博
2023 中国企业“走出去”全球风险版图：大洋洲	澳大利亚曙光咨询公司合伙人	邹睿
2023 中国企业“走出去”供应链安全全球风险版图	尼日利亚 AFN 保险经纪有限公司网络首席顾问	彼得·奥摩拉奥
2023 中国公民“走出去”安全全球风险版图	江泰全球救援联盟秘书长	高金良
2023 中国公民“走出去”安全风险指引	中国企业“走出去”风险发布会秘书部	

关于中国企业开展高水平境外安全风险防范化解的倡议	中国企业“走出去”风险发布会秘书部	
专家解读		
警惕发达国家安全审查的泛化风险	金诚同达律师事务所高级合伙人	彭俊
透视深度互联的国际金融潜在风险	吉林外国语大学国际商学院教授	蔺睿
聚焦供应链调整面临的区域风险	北京大学国际关系学院教授	雷少华
防范境外出行恢复期的安全风险	民生智库副总裁	熊山华
2023 全球投资服务论坛暨境外安全风险防控论坛		
论坛致辞		
方向正确了，办法总比困难多	江泰国际合作联盟主席 江泰全球救援联盟主席	沈开涛
主题演讲		
越是“风高浪急”越要履行政府统筹“走出去”发展与安全的管理责任	商务部国际贸易经济合作研究院欧亚研究所所长	刘华芹
“走出去”企业积极应对境外投资合规风险	中国国际经济贸易仲裁委员会仲裁员 高文律师事务所律师	王娜
企业汇率风险管理优化，促进市场主体稳健经营	国家外汇管理局外汇研究中心研究员	田园
后疫情时代助力企业应对“走出去”保险管理的新挑战	商务部援外项目风险与保险咨询顾问 江泰保险经纪股份有限公司建设项目风险部总经理	金振毅

圆桌对话		
从高质量境外安全资源保障看对外投资机遇与风险防控	墨西哥驻华使馆商务参赞	圣地亚哥·拖雷多·德哈
	波兰驻华使馆商务处三秘	石首夫
	昇非园区中国区总经理	吴俊杰
	中阿（联酋）产能合作示范园招商发展部部长	缪菲
	中国天辰工程有限公司境外安全代表	李国瑞
	江泰投资贸易服务（深圳）有限公司副总经理	窦锴
2023 全球救援服务论坛		
论坛致辞		
全球救援服务，全球冷暖互助	江泰国际合作联盟主席 江泰全球救援联盟主席	沈开涛
主题演讲		
后疫情时代全球救援服务发展新趋势	日本株式会社利便中国区代表	陈竞阗
服务全球发展与安全，推动构建全球双向救援体系	国家开发银行“一带一路”创新发展中心正高级经济师	温灏
夯实旅游安全之基，打造救援服务新模式	华侨大学旅游学院院长	谢朝武

圆桌对话		
后疫情时代公民境外出行安全风险趋势与保障策略	领事保护专家 外交部领事司原副司长	陈雄风
	华程国旅集团副总裁兼北京公司总经理	潘渤
	中安保国际风险管理咨询（北京）有限公司总裁助理兼安全总监	李学飞
	北京建工集团国际业务高级运营总监	谭锋
	江泰全球救援联盟副秘书长	常美玲
	大救星医疗专家	冯振声

2024 中国企业“走出去”风险发布会

2024 中国企业“走出去”风险发布大会		
大会致辞		
继往开来，推动风险发布会越办越好	江泰国际合作联盟主席 江泰全球救援联盟主席	沈开涛
企业“走出去”和共建“一带一路”是最伟大的创举	中国产业海外发展协会秘书长	蒋赟
大会发布		
2024 中国企业“走出去”全球风险版图：亚洲	泰国 SCB 保险经纪公司国际业务副总监	汶永·冯斯里
2024 中国企业“走出去”全球风险版图：非洲	坦桑尼亚标准银行保险经纪公司首席执行官	穆罕默德·贾法尔
2024 中国企业“走出去”全球风险版图：欧洲	匈牙利 Aegon Premium 保险公司中国区总监	亚当·萨勒泰莱基
2024 中国企业“走出去”全球风险版图：美洲	墨西哥 Rivers Legal 律师事务所合伙人	塔伊穆尔·尤尼斯
2024 中国企业“走出去“全球风险版图：大洋洲	澳大利亚 PSC 保险经纪公司董事长	王僖
2024 中国企业“走出去”全球十大风险提示	中国企业“走出去”风险发布会秘书部	
专家解读		
全球高强度区域地缘政治冲突风险解析	江苏大学全球发展与安全研究院理事长	徐步
新形势下欧美营商环境面面观	中国国际贸易促进会研究院院长	赵萍
全球信用风险显著变化及其影响	中国人民大学教授	吴晶妹
“走出去”企业境外人员安全风险减量新挑战	外交学院教授	夏莉萍

2024 全球投资服务论坛		
论坛致辞		
风险的背后是商机	江泰国际合作联盟主席 江泰全球救援联盟主席	沈开涛
主旨演讲		
企业在共建"一带一路"金色十年的机遇与挑战	中国国际经济交流中心总经济师	陈文玲
主题演讲		
企业"走出去"发展的国际财税规划实务	汇智集团创始合伙人兼首席执行官	巩恩光
企业在境外投资中积极应对外汇风险的思考	中国人民银行研究员	郭建伟
企业境外安全风险减量的优选路径	中国天辰工程有限公司境外安全代表	李国瑞
圆桌对话		
抓商机防风险与驻华使馆、境外园区面对面	印度尼西亚共和国驻华大使馆经济公使衔参赞	娜迪娅
	墨西哥驻华大使馆商务参赞	托莱多
	哥伦比亚驻华大使馆商务参赞	奥斯卡
	中非泰达投资股份有限公司副总经理	魏建青
	昇非（上海）商务管理咨询有限公司区域总监	周丽华
	泰国 304 工业园区中国区总代表	陈莉
	对外投资服务平台——优投网营销总监	张楠

2024 全球救援服务论坛		
论坛致辞		
借助科技手段，创新救援服务	江泰国际合作联盟主席 江泰全球救援联盟主席	沈开涛
视频致辞	江泰全球救援联盟荣誉秘书长	鲁多维奇·久利
论坛发布		
2024 中国公民“走出去”全球综合救援服务版图：亚洲	日本株式会社利便中国区代表	陈竞圜
2024 中国公民“走出去”全球综合救援服务版图：非洲	尼日利亚 AFN 保险经纪公司首席执行官	约翰·阿拉比
2024 中国公民“走出去”全球综合救援服务版图：欧洲	德国 Compass Point 救援公司执行总监	珍妮弗·米尔顿
2024 中国公民“走出去”全球综合救援服务版图：美洲	智利利连飞（Lilienfeld）保险经纪公司董事长	雷纳多·利连飞
2024 中国公民“走出去”全球综合救援服务版图：大洋洲	江泰保险经纪股份有限公司大洋洲代表	程秋雯
主题演讲		
中国公民“走出去”救援服务体系建设的时代要求	民生智库副总裁	熊山华

创新安全救援服务的实践探索	海南旅游安全协会秘书长	王瑛
构建为入境人员提供本土化救援的服务体系	和睦家医疗集团网络总监	司伟塔
圆桌对话		
满足出行救援服务的共性需求和个性化要求	全球留学平台——海邦汇董事长	孙翔
	赛瑞思国际安全咨询（北京）有限公司业务总监	赵新月
	辽宁康辉国际旅行社副总经理	王翔宇
	全球华人招聘求职平台——外聘网总经理	刘倬
	全球救援平台——大救星副总经理	杨婧芳
	江泰全球救援联盟副秘书长	常美玲

参考资料　共建“一带一路”未来十年

	坚定不移推进共建“一带一路”高质量发展走深走实的愿景与行动——共建“一带一路”未来十年发展展望
	三部委联合发布：中国对外直接投资连续十二年全球前三
	2023 年度中国对外直接投资统计公报（节选）
	中国对外投资合作面临形势与展望